# HISTORIQUE DE LA GUERRE

Fascicule n° 14

Prix : 0 fr. 25

PAR

Ferdinand BAUDOUIN

*Ancien Officier de Réserve*
*...ix à Ruffec, Maire de Couture-d'Argenson (2-Sèvres)*
*Officier de l'Instruction Publique*

# HISTORIQUE
## DE
# LA GUERRE

PAR

Ferdinand BAUDOUIN

*Ancien Officier de réserve,*
*Juge de Paix à Ruffec, Maire de Couture-d'Argenson,*
*Officier de l'Instruction Publique.*

---

## QUATORZIÈME PARTIE

Des avions français bombardent les hangars d'aviation de Frescati, les casernes de Saint-Privat à Metz et une des gares de Metz.
Les Allemands bombardent Saint-Dié.
Les troupes alliées avancent dans la direction de Lombaertzyde.
Investissement de Steinbach.
Des avions allemands jettent des bombes sur Nancy et Dunkerque.
Avance des alliés dans la région de Nieuport.
Les Russes reprennent l'offensive en Pologne méridionale et en Galicie.
Violente bataille et succès français en avant de Bouxières-sous-Froidmont.
Le cuirassé anglais « Formidable » est coulé dans la Manche par un sous-marin allemand.
Victoire russe de Vekhmi-Sarykamisch contre les Turcs.
Les Français s'emparent du plateau de Nouvren.
Bombardement de Zonnebeke (Belgique) par les Allemands.
Avance française en Champagne.
Le cardinal Mercier est retenu prisonnier dans son palais épiscopal de Malines.
Constantin Garibaldi est tué en Argonne.

---

### NIORT
IMPRIMERIE TH. MARTIN
Rue Saint-Symphorien

1915

# HISTORIQUE DE LA GUERRE

### 27 DECEMBRE 1914

**Violents combats et légers progrès au sud de Saint-Hubert. — Une contre-attaque allemande dans la région de Perthes est repoussée. — Nouveaux progrès sur les hauteurs qui dominent Cernay (Alsace). — Des avions français bombardent les hangars d'aviation de Frescati, les casernes de Saint-Privat à Metz et une des gares de Metz. — Les Allemands bombardent Saint-Dié.**

#### Situation des armées sur le front occidental.

Depuis deux jours, il ne s'est livré aucun combat important de la mer à la Lys et l'ensemble du front ne s'est pas modifié. La situation actuelle des armées peut être déterminée d'une façon précise. Les lignes allemandes partent de la mer, passent entre Lombaertzyde et Westende, puis vers Saint-Georges qui est occupé par les alliés, elles se dirigent à 1 kilomètre à l'est de Ramscapelle qui est aux mains des belges; le front suit ensuite la ligne de l'Yser jusqu'à Dixmude que cette rivière coupe en deux parties, la partie nord-est est occupée par les Allemands, celle sud-ouest par les Belges. De Dixmude les lignes allemandes se dirigent droit sur Merckem, puis sur Bixschoote qui est occupé par les Allemands et de là sur Langemark qui est occupé par les alliés et Poelcappelle qui est aux mains des

Allemands. La ligne se dirige ensuite vers Passchendaele, elle passe à 1 kilomètre 1/2 à l'ouest de cette localité qui est occupée par les Allemands, puis elle tourne sur Gheluvelt, qui est également entre les mains de l'ennemi et se dirige sur Hollebeke, qui est occupé par les Allemands pour suivre ensuite la route qui mène à Warneton.

Aucun mouvement de troupe n'est signalé dans les Flandres pendant la journée d'hier, mais la canonnade a repris de très bonne heure.

A la Boisselle, au sud d'Arras, deux contre-attaques vigoureuses ont été prononcées par les Allemands à la suite d'un feu très vif d'artillerie et d'infanterie. Elles ont été repoussées.

La même manœuvre a été effectuée par l'ennemi dans la région de Perthes, le résultat a été identique. Les Allemands paraissent très affectés des pertes qu'ils ont subies dans cette région, le 24 dernier, 2 mitrailleuses montées sur affût, un minnenverfer de 245 millimètres, un canon de 50 millimètres sous coupole cuirassée et un canon revolver de 37 millimètres.

En Argonne, nous avons progressé en profondeur, de 100 à 200 mètres, dans la direction de Saint-Hubert.

En Haute-Alsace, nous avons progressé à nouveau sur les hauteurs qui dominent Cernay. Les Allemands se sont vengés de leurs échecs dans les Vosges en bombardant Saint-Dié pendant deux heures, de 10 heures à minuit.

F. B.

## Nouvelles diverses publiées par les journaux

— Des avions français ont jeté, le 25 décembre, des bombes sur Cuxhaven, avant-port de Hambourg, à l'embouchure de l'Elbe.

— Les journaux allemands relatent que des bombes ont été jetées au cours de la même soirée sur Ostende, Bruges,

Gand et Bruxelles, c'est un aviateur, un anglais, le commandant Samson, qui a accompli ce raid, il y a quelques jours. Parti à 6 heures 30 du soir, son appareil chargé de 12 bombes, il visita ces différentes villes et laissa tomber des bombes, notamment sur les hangars à aéroplanes d'Etterbeck, puis de Bruxelles. Il a réussi à revenir au point de départ, malgré une vive canonnade dirigée contre lui et après une absence de cinq heures.

— Une communication officielle de Vienne reconnaît que des hydroaéroplanes français ont survolé Pola le 25 décembre.

— Le communiqué officiel français d'aujourd'hui relate que nos avions ont bombardé les hangars d'aviation de Frescaii et les casernes Saint-Privat à Metz ainsi qu'une des gares de Metz.

— Le roi de Belgique, voulant reconnaître la bravoure des fusiliers marins qui ont combattu avec les troupes belges sur la ligne de l'Yser, vient d'attribuer des distinctions dans l'ordre de Léopold à de nombreux officiers et soldats français.

— Le correspondant de l'*Echo de Paris* à Rome dit apprendre de source sûre que François-Joseph se prépare à abdiquer en faveur de son neveu et héritier, il espère épargner à son pays un plus complet désastre.

*En Russie.* — Les armées russes et austro-allemandes sont toujours aux prises sans aucune modification sur l'ensemble du front, toutes les tentatives allemandes pour briser au centre les lignes russes, ont échoué. En Prusse orientale les allemands ont progressé dans la direction de Mlava, mais en Galicie l'offensive russe se continue, ils ont repris le bassin de Krosnojasko. La situation de Przemysl est désespérée.

On parle d'un soulèvement en Transylvanie. Les habitants d'une dizaine de cantons de la région de l'Abrud ont pris les armes pour s'opposer à l'enrôlement dans l'armée hongroise de la population roumaine mâle de 17 à 60 ans.

*En Italie.* — On annonce de Rome que les violences

commises par les Turcs à Alep contre les missions italiennes, soulèvent l'indignation publique. Le gouvernement paraît décidé à ne pas se désintéresser de ce qui se passe en Syrie.

— On signale également que les Préfets ont reçu l'ordre de ne délivrer aucun passeport pour l'étranger aux nationaux italiens âgés de moins de 39 ans et susceptibles d'être mobilisés.

*En Turquie.* — On commence à craindre à Constantinople que la flotte des alliés ne réussisse à forcer les détroits, des pièces d'artillerie lourde ont été placées sur la côte de la mer de Marmara.

## Documents historiques, récits et anecdotes

*Le roi de Serbie et les prisonniers.* — Pendant les combats livrés à Hosmaï, avant la prise de Belgrade, le roi Pierre se rendit dans les tranchées, au milieu de ses soldats, et plus d'une fois il fit avec eux le coup de feu. Un jour, appuyé sur son fusil, le roi Pierre aperçut à quelque distance un prisonnier autrichien en haillons et couvert de boue. Il fit aussitôt approcher le malheureux, et la conversation suivante s'échangea:

— Comment t'appelles-tu?
— Pierre Yewtine.
— Quel est ton régiment?
— Le 58°.
— Quelle est ta nationalité?
— Serbe, père de cinq enfants.
— Puisque tu es Serbe, pourquoi as-tu tiré sur tes frères?
— Je vous jure sur mes enfants n'avoir jamais tiré. Je n'ai tiré qu'une fois; puis je me suis rendu. Je vous supplie, Monsieur, qui êtes-vous?
— Je suis le roi de Serbie.

Le prisonnier, abasourdi, se jeta à genoux demandant grâce. Le roi le releva et lui fit don de cinq louis.

Quand je vais dire que je vous ai vu dans les tranchée[s] déclara le prisonnier, personne ne le croira, car chez no[us] nous ne voyons même pas les officiers dans nos tranchée[s]

*La situation serait désespérée à Hambourg et à Brême.* — Le « New-York Hérald » raconte qu'un négociant améri cain recevait récemment de Hambourg une lettre d'affai[res] banale, mais en post-scriptum, il lisait ces mots: « Enlev[ez] avec soin le timbre et renvoyez-le moi, car mon fils en fa[it] collection. » Le négociant pensa qu'il pouvait y avoir quel que avertissement spécial derrière ce timbre-poste. Il détacha donc soigneusement après l'avoir placé sur de [la] vapeur, et lut ce qui suit: « La situation est désespérée ic[i] à Brême également. »

### Dépêches officielles

### Premier Communiqué

Entre la mer et la Lys, journée calme, canonnade inter mittente.

Entre la Lys et l'Oise, rien à signaler.

Dans la vallée de l'Aisne et en Champagne, duel d'arti lerie.

Dans la région de Perthes, l'ennemi, après un violen[t] bombardement, a tenté, sur les tranchées qu'il avait per dues, une contre-attaque aussitôt repoussée par nos feu[x] d'artillerie et d'infanterie.

En Argonne, légers progrès. Au sud de Saint-Hubert un[e] compagnie a gagné entre cent et deux cents mètres; nou[s] avons bombardé un ravin où l'ennemi a évacué plusieur[s] tranchées.

Entre Meuse et Moselle, à l'est de Saint-Mihiel, deux atta ques allemandes contre la redoute du Bois-Brûlé ont ét[é] repoussées. Un dirigeable a lancé une dizaine de bombe[s] sur Nancy, au milieu de la ville et sans aucune raison d'or dre militaire; nos avions, au contraire, ont bombardé le[s] hangars d'aviation de Frescaty, une des gares de Metz o[ù] des mouvements de trains étaient signalés, et les casernes de Saint-Privat, à Metz.

En Haute-Alsace, nos troupes ont réalisé de nouveaux progrès sur les hauteurs qui dominent Cernay et y ont repoussé quelques attaques.

*Russie.* — Les Allemands, qui avaient repris leur marche sur Mlawa, ont réoccupé cette ville.

La situation en Pologne reste sans modification notable. La violence des combats sur la Bzoura et la Rawka a diminué. Sur la Pilica moyenne, au contraire, la bataille continue très vive, ainsi que sur la Nida inférieure.

Sur tout le front de Galicie, la lutte se développe dans des conditions favorables pour les Russes.

### Deuxième Communiqué

Après avoir, toute la nuit dernière, dirigé un feu très vif d'artillerie et d'infanterie contre nos troupes installées à la Boisselle et dans les tranchées voisines, l'ennemi a prononcé deux attaques consécutives sans aucun succès.

Nous tenons fortement les tranchées enlevées près de Puisaleine.

Sur les Hauts-de-Meuse, nous consolidons l'occupation du terrain conquis près de la tranchée de Calonne.

Saint-Dié a été bombardé violemment de 9 heures 30 à midi.

## 28 DECEMBRE 1914

**Les troupes alliées avancent dans la direction de Lombaertzyde. — Bombardement par les Allemands de la gare de Saint-Dié. — Une contre-attaque allemande est repoussée au nord de Steinbach.**

### Situation des armées sur le front occidental

De nouveaux combats d'infanterie ont suivi en Belgique la canonnade intermittente des jours précédents. Le communiqué d'aujourd'hui nous signale une avance des troupes franco-belges dans la direction de Lombaertzyde et un léger échec au sud d'Ypres, près d'Hollebeke, où l'ennemi a enlevé une tranchée.

De leur côté, les journaux hollandais nous annoncent que la bataille a recommencé avec une violence nouvelle dans la région non inondée qui se trouve au Nord-Est de Nieuport. La lutte est acharnée, surtout dans les dunes, où les alliés, grâce à leur connaissance parfaite de la région, occupent une position favorable. Un journal anglais dit qu'il y a quelques jours les belges ont réussi à capturer près de Lombaertzyde, deux mille allemands, après une attaque vigoureuse des tranchées ennemies, elle ne leur a coûté que quelques tués et une vingtaine de blessés.

Un sérieux combat dans la région de Lens nous a permis de rejeter l'ennemi au-delà de ses tranchées de première ligne, sur une longueur de 800 mètres environ.

Reims a été canonné à nouveau ce qui ne semble plus extraordinaire à la population, car, depuis le 23 décembre, l'ennemi, pour se venger des échecs subis dans cette région, bombarde chaque jour la ville, ainsi que les positions conquises.

Sur les Hauts de Meuse, nous avons avancé légèrement sur toute l'étendue du front.

Le bombardement de Saint-Dié a continué toute la journée d'hier et la gare a été spécialement visée, le service de la voie ferrée n'a cependant pas été interrompu.

Nous avons maintenu nos positions en Haute-Alsace malgré une violente contre-attaque ennemie au nord-est de Steinbach.

F. B.

## Nouvelles diverses publiées par les journaux

— L'amirauté anglaise communique la note suivante : « Les vaisseaux de guerre allemands ancrés dans la passe de Schilling, non loin de Cuxhaven, ont été attaqués, le 25 décembre par une escadrille de 7 hydravions. Ils étaient escortés par une escadre de croiseurs légers, de destroyers et de sous-marins. Les Allemands nous attaquèrent avec 2 zeppelins, 3 aéroplanes et plusieurs sous-marins. Grâce à une rapide manœuvre, les sous-marins purent être évités et les zeppelins furent repoussés par les canons des croiseurs « Indaunted et Arethusa ». Les hydroplanes ennemis réussirent à jeter leurs bombes mais elles tombèrent près des bâtiments sans les toucher. L'escadre anglaise resta 3 heures près de la côte, sans être inquiétée, elle put réembarquer 3 aviateurs anglais avec leurs appareils. 3 autres aviateurs revinrent plus tard, ils furent recueillis par nos sous-marins et leurs appareils coulés. Un seul pilote est manquant. »

Cette audacieuse attaque paraît avoir jeté la consternation en Allemagne, elle est une réponse au bombardement des côtes anglaises par les Allemands.

Le bruit signalé hier et relatif aux bombes jetées sur Cuxhaven se trouve ainsi confirmé.

Hambourg, qui se trouve près de Cuxhaven aurait été bombardé le même jour, ainsi que l'île Langéog.

Le pilote anglais manquant est l'officier Hewlott. Son appareil s'est brisé, on ignore le sort du pilote.

— Un télégramme de Londres dit qu'un zeppelin a été abattu vers Nieuport. Le dirigeable est détruit et son équipage a péri..

— On signale un accident de chemin de fer qui s'est produit à Geemnich, près d'Aix-la-Chapelle, par suite d'une explosion de dynamite. Les détails manquent.

*En Russie.* — La bataille continue sur tout le front, dans les derniers combats les russes ont fait 12.500 prisonniers Autrichiens.

On annonce de Pétrograd que deux nouveaux corps d'armée allemands qui proviennent du front occidental ont fait leur apparition sur la rive gauche de la Vistule.

Une collision s'est produite à Kalech entre deux trains allemands, l'un chargé de soldats venant de Prusse, l'autre de blessés. Vingt wagons ont été brisés, on compte 400 tués et 500 blessés.

L'usine à gaz de Varsovie, qui appartenait à une société allemande a été saisie, le coffre-fort renfermait 1 million 250.000 francs en or.

## Documents historiques, récits et anecdotes

*Au quartier du généralissime.* — Voici sur le chef de nos armées le témoignage d'un étranger, d'un neutre. Il est impartial et désintéressé. Il n'en est que plus frappant.

Le correspondant en France du *Boston Post* a pu visiter le quartier général du général Joffre qui était installé alors dans l'école d'un petit village, à quelques quatre-vingts kilomètres de la ligne de feu.

L'observateur rare ou privilégié qui, ayant appris la situation de l'état-major, peut en approcher, trouve un saisissant contraste entre la tranquillité qui y règne et l'activité intense des tranchées. On n'entend ici ni canon, ni mitrailleuse, ni fusil. Là, le commandant suprême réunit ses informations, prend des décisions loin du bruit infernal des combats actuels, dans la calme profondeur de la campagne où l'incessant mouvement des troupes et des camions automobiles est ignorée, où la vie civile ne s'étant pas disloquée est demeurée paisible. C'est un air de paix qui plane sur le quartier général, mais la vie y est néanmoins active. Les jours ont, à cet endroit, 24 heures d'étude et de travail.

Comme vos colonels ont l'air jeunes, s'étonne le correspondant américain. Ce sont les hommes de l'avenir, lui dit-on. Ces jeunes colonels sont à leur ouvrage à cinq heures du matin, et se couchent à dix heures. D'autres viennent les remplacer, et les travaux ne sont pas interrompus une seule minute pendant la nuit.

Le correspondant américain, après avoir donné quelques indications sur le commandement des différentes armées françaises, dépeint l'isolement du quartier général. Un seul factionnaire monte la garde devant l'entrée. Quelques gardes forestiers se répandent dans le village, mais pas de soldats. Le général Joffre n'est entouré que de son état-major composé de jeunes officiers choisis pour leurs capacités parmi les cinquante mille officiers français. Quelques gendarmes gardent les routes et ne peuvent passer que ceux capables de montrer un sauf-conduit signé du chef d'état-major ou d'un des rares officiers autorisés à signer ces laissez-passer.

Jadis on pouvait reconnaître le grade d'un commandant stationnant dans un village par le nombre des chevaux de la suite. Aujourd'hui, c'est le nombre des autos qui est significatif. Devant l'école, il y a généralement 15 ou 20 automobiles puissantes. Elles arrivent, elles démarrent doucement, silencieusement, sans jamais le moindre bruit de corne. Mais les allées et venues sont rares. La vaste entreprise du drame actuel est conduite par télégraphe. C'est ici que tout se déclanche. Quand le général Joffre se déplace, il se sert d'une auto qui est aménagée comme un bureau. On dirait un de ces petits salons attenant d'habitude aux cabines des paquebots: une planchette pour écrire va d'un côté à l'autre; deux divans se font face, et il y a un arrangement commode pour permettre de feuilleter des papiers et compulser des cartes.

L'esprit grave et calme du général Joffre m'a beaucoup frappé; il m'a paru d'une santé très robuste.

## Dépêches officielles

### Premier Communiqué

En Belgique, nous avons continué d'avancer à l'ouest de Lombaertzyde; nous sommes actuellement au pied des dunes sur lesquelles l'ennemi a établi sa ligne de résistance. Au sud d'Ypres, nous avons perdu un élément de tranchées, près d'Hollebeke.

Dans la région de Lens, près de Carnoy, l'ennemi a cédé, devant nos attaques, 800 mètres de tranchées de première ligne.

Dans la vallée de l'Aisne et en Champagne, canonnade intermittente, particulièrement intense dans la région de Reims et dans celle de Perthes, où l'ennemi a spécialement visé les positions que nous avons conquises à l'ouest de cette localité.

Sur les Hauts-de-Meuse, légers progrès de nos troupes sur tout le front.

Dans les Vosges, l'ennemi a bombardé la gare de Saint-Dié; le service de la voie ferrée n'est pas interrompu.

En Haute-Alsace, au nord-est de Steinbach, une contre-attaque allemande a été repoussée.

## Deuxième Communiqué

Pendant toute la journée, une tempête violente a empêché les opérations sur la plus grande partie du front.

On signale cependant que nous avons réalisé quelques progrès en Argonne.

## 29 DECEMBRE 1914

**Les alliés occupent le village de Saint-Georges (Belgique). — Légère avance des français dans le bois de la Gruerie. — Investissement de Steinbach (Alsace). — Des avions allemands jettent des bombes sur Nancy.**

### Situation des armées sur le front occidental

On signale un nouveau succès dans le nord de la Belgique. A la suite d'un violent combat, les alliés se sont emparés du village de Saint-Georges, au sud de Lombaertzyde. C'est un résultat qui a son importance si on considère que la lutte dans cette région est très difficile en raison des retranchements formidables des Allemands. De la Lys à la Somme, les opérations d'infanterie ont été sans importance dans la journée d'hier. L'ennemi s'est contenté de bombarder Le Quesnoy et Bouchoir au nord-ouest de Roye.

On se bat toujours dans le bois de la Gruerie et nous gagnons un peu de terrain dans cette partie de l'Argonne.

Vers Apremont, au sud-est de Saint-Mihiel, les combats ont eu de l'importance et nous avons repris quelques tranchées que les Allemands nous avaient enlevées.

Le communiqué officiel d'aujourd'hui nous fait connaître qu'en Haute-Alsace nos succès continuent, succès lents mais qui ont cependant de l'importance; nous investissons Steinbach, et nous nous sommes emparés des ruines du château, à l'extrémité nord-ouest du village. Il faut avancer dans cette région avec la plus grande prudence, dernièrement, la « Gazette de Lausanne » faisait savoir que Steinbach et Watweiller avaient été mis en état de défense, par crainte d'un retour offensif des français; que toute la population civile était évacuée; que plusieurs bâtiments étaient minés, que des mines avaient également été posées sur les routes, dans les bois et les prairies avoisinantes. Il n'y a donc rien d'extraordinaire à ce que l'avance de nos troupes soit lente et nous ne pouvons qu'admirer l'héroïsme de nos soldats devant une telle guerre de tranchées, de mines et d'obstacles de toutes sortes.

F. B.

## Nouvelles diverses publiées par les journaux

— Le ministère de la marine française fait connaître que l'on peut considérer comme exacts les renseignements de presse étrangère signalant qu'un sous-marin français a été coulé et que son équipage a été fait prisonnier. Il s'agit du sous-marin « Curie » qui était chargé d'une opération militaire contre les navires de guerre autrichiens, en rade de Pola et n'a pas rejoint les forces navales.

— On annonce d'Amsterdam que quatre gros canons allemands sont arrivés à Liège, venant de Zeebrugge, où ils ont été très endommagés par l'artillerie alliée.

— Un espion allemand qui avait essayé d'entrer à Gibraltar sous le costume d'un Maure, a été arrêté à Algésiras, il était porteur de documents compromettants.

— M. Millerand, ministre de la guerre, quittera Bordeaux dans peu de jours pour rentrer à Paris, avec le personnel de son ministère.

*En Russie.* — Les opérations se continuent en Pologne sans qu'aucune modification soit apportée dans la situation des armées; en Galicie, la retraite des Autrichiens se change parfois en véritable déroute, les troupes autrichiennes qui défendaient la passe de Dukla dans les Carpathes, sont en retraite. Un télégramme officiel de Vienne confirme l'exactitude de cette nouvelle.

Un journal américain prétend que l'Autriche a demandé à traiter d'une paix séparée et a offert la Galicie aux Russes et la Bosnie-Herzégovine aux Serbes et Monténégrins.

*En Turquie.* — Les Turcs ont été chassés par les Russes du district de Transchovoch, avec l'aide de l'escadre russe de la mer Noire qui a bombardé le rivage.

— On annonce de Sofia que dans la première quinzaine de Décembre, des conventions ont été signées entre l'Allemagne et la Turquie. L'Allemagne s'engage: 1° à fournir à la Turquie pendant la durée de la guerre le matériel, les munitions et l'argent nécessaires à l'entretien des troupes; des pionniers, pointeurs, tireurs et officiers spécialistes; 2° en cas de succès de céder à la Turquie le cinquième de l'indemnité de guerre; 3° à ne pas conclure de paix séparée et en cas de paix défavorable à sauvegarder l'intégrité de la Turquie. La Turquie s'engage: 1° à faire la guerre à la Russie et à l'Angleterre (Il n'est pas question de la France); 2° à proclamer la guerre sainte; 3° à ne pas conclure de paix séparée.

*En Roumanie.* — On a fait sauter un tunnel sur la ligne stratégique de Jassy à Dorohoï, cet attentat a été commis par un individu qui a refusé de faire connaître son identité. C'est le deuxième attentat depuis 4 mois, cette ligne met en communication la Roumanie avec la Russie et la Bukovine.

La Roumanie paraît se préparer à la guerre, le gouverment a pris des mesures exceptionnelles en cas de mobilisation. Il prévoit le versement d'un subside de 15 à 20 fr.

par mois aux familles des mobilisés et il ordonne que les champs des mobilisés soient labourés par la population civile.

## Documents historiques, récits et anecdotes

*L'occupation allemande à Saint-Quentin.* — Un habitant de Saint-Quentin vient d'arriver à Paris, apportant à ses compatriotes réfugiés quelques détails rétrospectifs sur l'occupation allemande dans cette ville.

La population reste dans l'ignorance la plus complète sur les événements de la guerre; c'est avec la plus grande difficulté qu'elle arrache quelques renseignements exacts aux blessés traversant la ville. Depuis le 6 novembre, on n'entend plus le bruit du canon, alors que, depuis le 28 août, il faisait rage jour et nuit.

Jusqu'à présent, les habitants ont le nécessaire. Le sel seul manque totalement et chaque famille n'a droit qu'à 25 kilos de charbon par semaine. Et l'hiver s'annonce dur, il neige depuis fin novembre et il a déjà gelé à 5°.

L'électricité a fait défaut jusqu'au 19 octobre. Les habitants sont restés trois semaines sans beurre et dix jours sans lait. Les œufs ont totalement disparus du commerce. Pendant le premier mois d'occupation, les commerçants ont manqué de sel, de café, d'huile et de sucre.

L'habitant ne nourrit pas les soldats allemands, mais, comme beaucoup d'entre eux relèvent de maladies contractées dans les tranchées, ils font une grande consommation de café, de lait, qu'ils apportent aux habitants, lesquels doivent leur préparer ces breuvages.

Défense est faite de sortir après sept heures du soir et de fermer les contrevents, même la nuit.

Au commencement de septembre, les Allemands firent des rafles de quelques civils à Saint-Quentin et de nombreux habitants des localités voisines.

Le 23 septembre, par voie d'affiches, les hommes de dix-sept à quarante-huit ans durent se rendre à la caserne, à six heures du soir, pour se rassembler et de là être emmenés prisonniers en Allemagne. Grâce à M. Gilbert, qui se trouve à la tête de la municipalité, l'orage fut conjuré jusqu'au 24 octobre, où il fallut encore que les hommes se rendissent à la caserne. Leur départ fut encore différé, mais on craint que les Allemands finissent par donner suite à leur projet.

## Dépêches officielles

### Premier Communiqué

En Belgique, le village de Saint-Georges a été enlevé par nos troupes qui s'y sont établies.

De la Lys à la Somme: l'ennemi a bombardé assez violemment nos positions dans la région Echelle-Saint-Aurin, le Quesnoy, Bouchoir (nord-ouest de Roye).

Calme sur le front entre la Somme et l'Argonne.

Nous avons gagné un peu de terrain en Argonne, dans le bois de la Gruerie, dans le bois Bolante et dans le bois Courtechausse.

Sur les Hauts-de-Meuse, plusieurs contre-attaques allemandes ont été repoussées dans le bois Lebouchot (nord-est de Troyon).

L'ennemi, qui avait enlevé nos tranchées voisines de la redoute du bois Brûlé, à l'ouest d'Apremont, en a été chassé après trois contre-attaques successives.

En Haute-Alsace, nous investissons étroitement Steinbach à la suite d'un violent combat et nous nous sommes emparés des ruines du château au nord-ouest du village.

### Deuxième Communiqué

Aucun incident notable ne nous a encore été signalé jusqu'à ce soir.

Fascicule 14

## 30 DECEMBRE 1914

Des avions allemands lancent 17 bombes sur Dunkerque. — Légère avance des alliés dans la région de Nieuport. — En Argonne, progression légère des Français vers le Four de Paris. — Une attaque allemande sur la Tête-de-Faux (Vosges) est repoussée. — Les Russes reprennent l'offensive en Pologne méridionale et en Galicie, ils menacent à nouveau Cracovie.

---

### Situation des armées sur le front occidental

La lutte paraît chaude aux deux ailes et au centre, en Belgique, en Champagne et en Alsace.

Sur les bords de la mer les Allemands se voient obligés de subir le feu presque continuel de la flotte anglaise pendant que sur terre les alliés les harcèlent sans leur laisser de répit. Hier, nous avons gagné du terrain dans la région de Nieuport, en face Polders, au nord de Lombaertzyde, c'est-à-dire du côté des dunes, et ce, malgré un violent bombardement dirigé par l'ennemi sur notre nouvelle position de Saint-Georges.

Dans la direction de Roulers, nous avons enlevé une position allemande au sud-est de Zonnebeke.

De Belgique jusqu'en Champagne, rien à signaler en dehors d'un nouveau bombardement d'Arras.

En Champagne les combats ont été précédés d'un violent bombardement de nos positions par l'artillerie ennemie, bombardement auquel notre artillerie lourde a efficacement répondu, puisque notre infanterie a réalisé ensuite des progrès sensibles. Les renseignements publiés il y a quelques jours par les journaux et disant que les trains circu laient entre Reims et le Chatelet ne sont pas exacts, malgré notre avance dans cette région, la ville de Reims est encore sous la menace de la grosse artillerie allemande et n'est pas suffisamment débloquée.

En Haute-Alsace, nous nous sommes contentés hier de consolider nos positions et de réduire par le feu de notre artillerie lourde des obusiers allemands qui bombardaient Aspach-le-Haut.

La lutte a paraît-il été très violente en Alsace pendant les jours qui viennent de s'écouler, notamment du côté de Cernay et sur tout le front de Dannemarie, les Allemands n'ont pu résister au choc et ils ont subi des pertes sensibles. Chaque journée nous apporte quelques succès dus à notre énergie en attendant la victoire finale.

F. B.

## Nouvelles diverses publiées par les journaux

— L'Allemagne ayant notifié aux Etats américains que la nomination des consuls américains en Belgique devrait être approuvée par les autorités militaires allemandes, une conférence des diplomates américains a décidé de refuser de reconnaître l'annexion de la Belgique à l'Allemagne.

— Le 20 décembre 1914, le 160ᵉ régiment se trouvait réuni à Westende pour la présentation du drapeau aux jeunes soldats de la classe 1914. Ces jeunes soldats ont en même temps reçu le baptême du feu. La cérémonie touchait à sa fin lorsqu'un avion allemand survolant les troupes laissa tomber 3 bombes dont l'une à dix pas du colonel. Celui-ci resta impassible, aucun homme ne broncha.

*En Russie.* — La situation est toujours stationnaire en Pologne, les Allemands ont commencé la construction de lignes de chemins de fer dans la partie de la Pologne qu'ils occupent. Elles sont destinées au transport rapide des troupes. En Galicie, les Russes sont maîtres des Carpathes, ils dominent la plaine hongroise. Ils ont repris nettement leur marche sur Cracovie. Les Austro-Allemands rassemblent leurs forces dans la région de Neumarckt, à 60 kilomètres au sud de Cracovie.

*En Turquie.* — On apprend de Salonique que les forces turques concentrées autour d'Andrinople ont été réparties le long de la ligne fortifiée Constantinople-Gallipoli.

On croit que Talaat Pacha mettant à profit l'absence de Envers Pacha prépare un coup d'Etat.

## Documents historiques, récits et anecdotes

— Principaux faits de guerre du 16 au 24 décembre (*Communiqués par le ministère de la guerre*). — La période du 16 au 24 a précisé et accentué les résultats acquis pendant la précédente.

Notre attitude agressive s'est manifestée avec plus d'énergie. L'ennemi a été réduit partout à l'attitude défensive.

La violence de ses contre-attaques a montré qu'il n'acceptait que malgré lui cette attitude. L'échec de tout ce qu'il a tenté pour reprendre le terrain perdu par lui a confirmé notre avantage.

Il convient enfin de remarquer que, en de nombreuses parties du front, notamment près d'Arras, à la lisière ouest de l'Argonne, et près de Verdun, nous nous sommes rendus maîtres de points d'appui importants.

*De la mer à la Lys.* — Les opérations au nord de la Lys sont devenues avec la mauvaise saison, terriblement dures.

La boue liquide et froide, où les hommes se meuvent, envahit les culasses. On ne peut plus tirer. On se bat alors à coups de crosse et à coups de poings.

Nos soldats, suivant l'expression d'un de leurs chefs, sont des blocs de boue. On a réussi à organiser pour eux, quand ils quittent les tranchées, des services de bains et de changement de linge, qu'ils apprécient fort.

Leur inaltérable bonne humeur supporte par ailleurs le

mieux du monde l'existence rude qui leur est infligée par cet hiver humide.

Pour résumer les opérations de la dernière période dans cette partie du front, on peut considérer trois régions: la région en avant de Nieuport, la région au nord d'Ypres, la région au sud d'Ypres.

1° *En avant de Nieuport*. — C'est d'un côté l'inondation, de l'autre la mer. Entre l'inondation et la mer, il y a les dunes. C'est là que nous avons progressé.

Le 15 au soir, nous avions débouché de Nieuport jusqu'aux lisières ouest de Lombaertzyde. Le 16, nous avons poussé jusqu'à la mer, occupé le phare, fait plus de cent prisonniers.

Le 17, nous avons atteint le croisement de la route de Lombaertzyde et des Dunes. Nous avons également fait des progrès plus au sud, en avant de Saint-Georges. Le 19, nouvelle progression: 200 mètres gagnés sur tout le front; le 20, une tranchée est enlevée, et le 21, nouveau bond en avant de 150 mètres dans la direction de Westende. L'ennemi contre-attaque le 22. Il est repoussé.

Tout ce que nous avons gagné reste entre nos mains. La division de marine allemande, où voisinent des fusiliers, de l'infanterie de marine et de l'artillerie de côte, ne peut rien reprendre de ce qu'elle a perdu.

2° *Au nord d'Ypres*. — La lutte se concentre près de Steenstraete et de Bixschoote, autour du cabaret de Korteker, pauvre bâtisse au sud-est de laquelle se trouve un moulin moins modeste.

Le 17 décembre, nous avons enlevé d'un coup 500 mètres, plusieurs tranchées, quatre mitrailleuses et fait 150 prisonniers.

Le 18, nous avons pris une à une les maisons voisines de nos lignes. Dès le 17, le cabaret est à nous. Nous déblayons les alentours. Nous prenons un bois, des maisons, une redoute. Le 22, c'est encore 100 mètres de gagnés.

L'ennemi contre-attaque, mais en vain.

Les opérations des 17 et 18 représentent ensemble un gain de plus de 700 mètres.

3° *Au sud d'Ypres*. — Près de Weldock, et près de Zwartelen, nous avons gagné 400 mètres le 16 décembre.

Le 17 et les jours suivants, nous avons continué en prenant deux mitrailleuses, des caissons, plusieurs groupes de maisons (21-22-23 décembre). Ici encore, la difficulté du terrain est extrême, il faut se battre dans l'eau. Pourtant, rien que des gains et pas un fléchissement.

*De la Lys à l'Oise*. — La région de Lens et d'Arras a été le théâtre de plusieurs actions fort brillantes qui, dans l'ensemble, présentent le même caractère que celles qui se sont développées au nord de la Lys.

1° *Au nord de Lens*. — Dans la région de Vermelles, nous gagnons le 16, suivant les points, 200 ou 300 mètres, près de Notre-Dame-de-Consolation.

Le 17, un nouveau bond nous fait gagner d'un côté 100 mètres, de l'autre 500. L'avance totale, le 18, est de 800 mètres.

Le 23, nouveau progrès de 150 mètres, qui nous mène à la bifurcation des chemins de Loos au Rutoire et de Loos à Vermelles, avec de beaux succès pour notre artillerie.

Malgré ses efforts, l'ennemi doit nous abandonner le terrain gagné.

2° *Au sud de Lens*. — On s'est battu dans la région de Carency et de Notre-Dame-de-Lorette : le terrain, même sur les hauteurs, est argileux et coupé de sources. Les tranchées sont inondées aussitôt que creusées. Comme en Belgique, les fusils sont encrassés de boue et on tape avec les crosses.

Le 17 décembre, les premières tranchées allemandes de Notre-Dame-de-Lorette sont tombées en notre pouvoir.

Le 20, toute la première ligne est occupée par nous.

Les jours suivants, le brouillard nous arrête, empêchant le réglage du tir de l'artillerie. Les Allemands essaient de déboucher de la cuvette de Carency, qu'ils tiennent toujours. Ils sont repoussés et subissent de grosses pertes. Mais Carency reste entre leurs mains.

3° *Aux portes d'Arras.* — A Saint-Laurent et Blangy, nous avons également attaqué et gagné du terrain.

Dès le 17, à Saint-Laurent, nous enlevions les premières maisons de la Mairie. Nous y sommes restés, malgré de violentes contre-attaques de jour et de nuit. Le 24, nous avons gagné 100 mètres de plus.

Notre artillerie, les jours où il a fait clair, n'a pas perdu son temps. Elle a, notamment, fait sauter un dépôt de munitions à Thelus, au nord d'Arras, et plusieurs caissons à l'est de Blangy.

4° *Entre Arras et Noyon.* — Les principales actions ont eu lieu entre Albert et Combles à Ovillers-la-Boisselle, Mametz, Carnoy, Maricourt et, au nord de Roye, à Lihons.

Les 17, 18 et 19, nous avons enlevé le cimetière de la Boisselle, un blockhaus près d'Ovillers, les tranchées de première ligne de Maricourt, et atteint la lisière sud de Mametz; le 22, nous avons, au sud de la Boisselle, poussé nos tranchées 300 mètres en avant.

Le 24, nous tenons toute la partie sud de la Boisselle. Nous avons pris, dans cette dernière journée, 80 prisonniers et une mitrailleuse.

Les Allemands ont cru alors pouvoir contre-attaquer. Nous les avons repoussés le 21, près de Carnoy, et nous avons consolidé nos positions. Une tranchée allemande, prise par nous le 16, évacuée le 17, a été reprise le lendemain. Pendant ce temps, notre artillerie a détruit les tranchées allemandes au nord de Carnoy et démoli deux mitrailleuses (19 décembre). Le lendemain, allongeant son tir, elle a démoli deux pièces allemandes en batterie près de Hem.

Dans la région de Lihons, nous avons, le 17, pris des tranchées qu'il nous a fallu défendre vigoureusement les 18, 19, 20, 21 et 22. Les contre-attaques allemandes ont été furieuses. Celle du 19, menée en colonnes par quatre, a été fauchée par nos pièces. Tous les assaillants sont restés sur le terrain. Le 24, nous avons pris une nouvelle tranchée, malgré une résistance désespérée de l'ennemi.

*De l'Oise à l'ouest de l'Argonne.* — 1° *Entre l'Oise et l'Aisne.* — Notre artillerie a obtenu d'appréciables succès: destruction d'une mitrailleuse et d'un observatoire près de Tracy-le-Val le 16; d'une barricade dans la région de Vailly, le 19; d'un obusier le 20; d'une mitrailleuse le 21; descente d'un ballon captif le 22; bouleversement de tranchées ennemies le 24 au plateau de Nouvron.

Notre infanterie a réalisé des progrès intéressants dans la région de Nampcel. Puisaleine. Le 21, elle a enlevé les tranchées ennemies de première ligne sur un front de cinq cents mètres et pris une mitrailleuse. Nous avons perdu le 22 et repris le 23 une partie du terrain gagné. Le 23, toutes les contre-attaques ennemies ont été brillamment repoussées à la baïonnette.

Le 24, nous étions maîtres de toute la lisière enlevée le 21, moins quelques mètres à l'extrémité est de cette ligne, où l'ennemi se maintenait encore.

2° *Au sud de Laon et de Craonne* et dans la région de Reims, la dernière semaine a été remplie surtout par des combats d'artillerie.

L'ennemi a tiré près de deux fois plus de projectiles que la semaine précédente, mais sans réussir à enlever à notre artillerie lourde l'avantage qu'elle a su s'assurer.

Destruction d'abris à mitrailleuses et de redoutes, le 16, près des sucreries de Troyon et des carrières de Beaulne; destruction d'un bastion sur le plateau de Vauclerc, le 18, et, au même endroit, de deux abris à mitrailleuses, le 19; dispersion de rassemblements ennemis dans la vallée de la Suippe, le 19, le 20 et le 25; bouleversement des tranchées allemandes, le 17, près de la ferme Bourtaut, le 22, dans la même région: tels sont quelques-uns des coups heureux de notre artillerie pendant les dernières journées.

3° *Entre Reims et l'Argonne.* — Nos attaques, menées avec continuité, n'ont pas permis à l'ennemi, malgré de vives contre-attaques, de reconquérir les positions perdues par lui du 15 au 24. Ces attaques se sont développées surtout entre Saint-Hilaire-le-Grand et Beauséjour (à l'ouest de Ville-sur-Tourbe). On peut les résumer en disant que tous les points d'appui qu'elles se proposaient d'enlever sont aujourd'hui en notre possession.

Dans les environs de Perthes, nous avons gagné 200 mètres le 20, autant le 21, 800 mètres le 22. Ce gain s'est étendu sur un front d'un kilomètre et demi, et représente la totalité de la ligne de tranchées ennemies sur ce front. Notre attaque a enlevé plusieurs blockhaus, une section de mitrailleuses avec son personnel, des caisses de munitions, des projecteurs, un canon sous coupole, preuve certaine que les Allemands se croyaient sûrs de pouvoir résister et ont été maîtrisés par nos troupes.

L'échec des cinq contre-attaques qu'ils ont dirigées sur ce point a affirmé également notre supériorité. Le 24, nous avons chassé les Allemands des quelques boyaux qu'ils occupaient encore et consolidé notre mainmise sur toute leur premières ligne.

Les opérations de Perthes ont été complétées par celles qui nous ont valu, plus à l'est, un gain de 400 mètres à Mesnil-les-Hurlus le 23, et la possession de la crête du Calvaire, près de Beauséjour, le 20.

Le 24, nous avons enlevé un bois à l'est des tranchées conquises le 23 près de Mesnil.

Ici encore, tous les résultats acquis ont été maintenus malgré les contre-attaques ennemies.

Cette région est celle où nous avons le mieux réussi à conquérir les divers points d'appui que nous nous étions donnés comme objectifs.

L'ennemi a subi de grosses pertes. Nos soldats sont pleins d'entrain.

## Dépêches officielles

### Premier Communiqué

En Belgique, nous avons gagné un peu de terrain dans la région de Nieuport, en face des polders au nord de Lombaertzyde. L'ennemi a violemment bombardé Saint-Georges, que nous mettons en état de défense.

Nous avons enlevé un point d'appui allemand au sud-est de Zonnebeke sur la route Becelaere-Passchendaele.

De la Lys à l'Oise, rien à signaler.

Dans la vallée de l'Aisne et en Champagne, l'ennemi a manifesté une recrudescence d'activité qui s'est traduite surtout par un violent bombardement, auquel notre artillerie lourde a efficacement répondu.

En Argonne, nous avons légèrement progressé dans la région du Four-de-Paris.

Entre l'Argonne et la Moselle, canonnade sur tout le front, particulièrement intense sur les Hauts-de-Meuse.

Dans les Vosges, l'ennemi a prononcé sur la Tête-de-Faux une attaque qui a été repoussée.

En Haute-Alsace, nous consolidons nos positions; l'artillerie lourde a réduit au silence les obusiers allemands qui bombardaient Aspach-le-Haut.

### Deuxième Communiqué

On ne signale pas d'incidents importants, sauf quelques bombardements dans la région d'Arras et sur les Hauts-de-Meuse et des progrès en Champagne qui semblent devoir être assez sensibles.

Le mauvais temps a persisté sur la plus grande partie du front.

## 31 DÉCEMBRE 1914

**Violente bataille et succès français en avant de Bouxières-sous-Froidmont entre Moselle et Seille. — Des avions français jettent des bombes sur la gare de Metz.**

### Situation des armées sur le front occidental

Il n'est signalé, pour la journée d'hier, aucun combat sérieux d'infanterie sur la partie du front comprise entre la mer et l'Aisne. Un duel d'artillerie a eu lieu sur quelques points importants. Dunkerque a eu la visite de quelques avions allemands, sans grand dommage, fort heureusement.

C'est surtout en Champagne, à l'est de Reims, en Argonne et en Haute-Alsace que les opérations militaires se sont déroulées. A l'ouest de la ferme d'Alger, près de Sillery, les Allemands ont fait sauter deux de nos tranchées et ont attaqué ensuite vigoureusement, mais l'attaque a été repoussée.

La région de Mesnil-les-Hurlus et de Beauséjour a été le théâtre de violents combats, des contre-attaques allemandes et françaises se sont produites toute la journée et le résultat dans son ensemble a été favorable aux français.

A l'est de Saint-Mihiel, dans le bois de Mortmart nos troupes ont progressé légèrement et 150 mètres de tranchées allemandes sont tombées entre nos mains.

C'est surtout en Haute-Alsace, autour de Steinbach, localité située au nord-est de Thann, que de violents combats se sont livrés. Nos troupes occupaient les hauteurs depuis quelques jours, à la suite d'une brillante action qui avait coûté aux Allemands 1.000 morts et 2.000 prisonniers alors que nous n'avions guère que 200 hommes hors de combat. Dans la journée d'hier, nos troupes ont enlevé, maison par maison, la moitié du village, elles continuent à attaquer la partie du village qui est encore entre les mains de l'ennemi.

L'offensive française se continue donc dans des conditions normales et le calme signalé dans le nord est probablement dû à une terrible tempête qui sévit dans cette région et qui empêche toute opération sérieuse.

F. B.

## Nouvelles diverses publiées par les journaux

— Le lieutenant Bruno Garibaldi, engagé volontaire italien, a été tué en Argonne, à l'assaut d'une tranchée le 26 décembre dernier, son corps a été transporté en Italie.

On annonce, dans plusieurs journaux, que pendant la nuit de Noël, des aviateurs alliés ont jeté des bombes sur le quartier général du Kaiser. On ignore l'effet des bombes, les aviateurs sont rentrés sains et saufs. Cette nouvelle arrivée d'Amsterdam doit-être accueillie sous toutes réserves.

— Le cuirassé autrichien « Viribus Unitis » aurait été torpillé par un sous-marin français, dans le canal de Fasana, s'il faut en croire les nouvelles parvenues d'Italie.

— On télégraphie de Copenhague que le vapeur norvégien « Orn » à destination de Rotterdam, a recueilli deux aviateurs anglais qui étaient tombés à la mer et étaient restés 7 heures dans l'eau glacée. On ignore leurs noms.

— Un grand vapeur de nationalité inconnue a touché une mine dans la mer du Nord et a coulé, hier, 30 décembre.

— Dans la nuit du 30 décembre, les postes de Lunéville ont signalé un zeppelin se dirigeant vers Nancy. Une batterie postée à Blainville l'a accueillie par une vive canonnade, il a fait demi tour et s'est éloigné.

*En Russie.* — Dans les milieux militaires de Pétrograd on estime que la situation militaire russe en Pologne et en Galicie est tout à fait favorable. Sur la Bzoura, les Allemands ont été contraints de reculer sur la rive gauche de la rivière. Dans les Carpathes, la situation est encore meilleure, la Hongrie est menacée d'une invasion.

Le fils du Chancelier allemand, M. Bethmann Hollveg, disparu depuis les récents combats de Pologne, n'est pas prisonnier des Russes. On présume que mortellement blessé, il est resté sur le champ de bataille et a été enterré dans la fosse commune.

Le croiseur russe « Askold » vient de bombarder à nouveau les côtes syriennes, le 27 décembre, il a canonné des troupes ottomanes à l'Est de Port-Saïd.

*En Albanie.* — L'Italie fait occuper par des détachements italiens, non seulement Vallona mais l'ancienne ville d'Arta, située à 5 kilomètres au nord de Vallona. Elle a l'intention d'étendre l'occupation jusqu'à la vallée située entre les chaînes de montagne du Koudessi et de Malacastra.

*En Grèce.* — M. Venizelos, président du conseil, a affirmé au cours de la discussion du budget « qu'à l'heure actuelle, la Grèce est en mesure de mobiliser à toute heure et sur tous les points de son territoire, tous les contingents de son armée ».

## Documents historiques, récits et anecdotes

*La division de fer au travail.* — La 11ᵉ division d'infanterie, dès le temps de paix, était appelée la division de fer; la guerre a prouvé combien ce beau surnom était mérité. Cette division comprend la 21ᵉ et la 22ᵉ brigade. La 22ᵉ brigade arrive à Dombasle dans la nuit du 21 au 22 août; elle vient de Mornange; elle s'y est battue deux jours. Elle a dans les jambes une terrible marche forcée de 70 kilomètres; on ne la laisse pas reposer. Le général Foch, commandant à cette époque le 20ᵉ corps d'armée, lui donne l'ordre de passer sur la rive droite de la Meurthe, soutenue par deux groupes de 75 et deux groupes d'artillerie lourde; il faut tenir, il faut arrêter l'ennemi qui nous poursuit et protéger ainsi la retraite des troupes françaises. La 22ᵉ brigade passe la Meurthe. Toute la journée, sur les hauteurs de Flainval, elle tient; l'ennemi est arrêté dans son élan, il s'est heurté à un véritable mur.

*Contre-attaque.* — Le soir arrive, la 22ᵉ brigade a dignement rempli sa mission; elle fait mieux, elle se décroche des Allemands, s'échappe sans être inquiétée; l'ennemi perd contact, les Français repassent la Meurthe et font sauter derrière eux les ponts. Mais l'ennemi avance en Lorraine; le 7 septembre, il pénètre dans les forêts de Champenoux et de Saint-Paul; il entre dans le bois de Velaine, qui borde la lisière est du Grand-Couronné de Nancy. La situation est grave. C'est encore le général commandant la 22ᵉ brigade qui, sur délégation spéciale du général de Castelnau, prend le commandement de tout un groupement improvisé comprenant quatorze bataillons, dont deux seulement de l'active; sept groupes de 75 et du génie; c'est l'effectif d'une forte division.

Or, à Lenoncourt, il faut avec ces forces contre-attaquer l'ennemi et le jeter en dehors du bois de Velaine; il faut absolument reprendre les forêts de Champenoux et de Saint-Paul. Les Français s'élancent, la lutte va être terrible. Pendant quatre jours on se bat; une suite de combats violents et ininterrompus n'a pas donné de résultat décisif; mais le 12 septembre, par une manœuvre audacieuse et habile, une partie de nos troupes a tourné, par le sud, les forêts de Saint-Paul et de Champenoux. C'est la victoire. L'ennemi va être cerné.

L'affaire a été chaude, mais nous ramenons deux canons et quatre caissons. Ces trophées envoyés à Nancy, capitale lorraine sauvée de l'invasion, furent exposés sur la place Saint-Nicolas-du-Port, puis sur la place Stanislas. C'est à la suite de ces brillants engagements que le général commandant la 22ᵉ brigade reçoit le commandement de toute la 11ᵉ division d'infanterie (20ᵉ corps d'armée). Celle-ci va continuer la série de ses exploits.

Du 29 septembre au 1ᵉʳ octobre, elle combat. Elle tient un secteur de vingt à vingt-cinq kilomètres, appuyée par trente batteries; non seulement elle va s'y maintenir sans perdre un pouce de terrain, mais jusqu'au 20 octobre, avec ses vingt-cinq bataillons, elle va harceler l'ennemi, l'attaquer à chaque instant, malgré sa grande supériorité numérique, et l'empêcher de distraire des troupes pour les porter vers le nord. Dans la nuit du 7 au 3 octobre, elle lui détruit même sept compagnies entières, faisant prisonniers 450 hommes dont un colonel et sept officiers. Mais quelle récompense aussi! Le 16 octobre au matin, le général de Castelnau, commandant la deuxième armée, se rend lui-même au quartier général et félicite le général Ferry, commandant la 11ᵉ division en Lorraine, à Flainval et Champenoux-Reméréville, d'avoir par son organisation et son activité, réussi à maintenir en face de lui, dans le secteur, des forces trois fois supérieures aux siennes.

## Dépêches officielles

### Premier Communiqué

De la mer jusqu'à l'Aisne, journée à peu près calme; duel d'artillerie sur quelques points du front.

En Champagne, à l'ouest de la ferme d'Alger (nord de Sillery, secteur de Reims), l'ennemi a, dans la nuit, fait sauter deux de nos tranchées et a lancé contre elles une attaque qui a été repoussée.

Au nord de Mesnil-les-Hurlus, nous avons conquis des éléments de la seconde ligne de défense ennemie.

Dans la même région, au nord de la ferme de Beauséjour, nous avons également enlevé des tranchées. L'ennemi a contre-attaqué, mais a été repoussé et, reprenant à notre tour l'offensive, nous avons à nouveau gagné du terrain.

Dans la même zone et plus à l'est, des forces allemandes qui s'avançaient pour nous contre-attaquer ont été prises sous le feu de notre artillerie et dispersées.

En Argonne, vers Fontaine-Madame, nous avons, en faisant sauter une mine et en occupant l'excavation réalisé un léger progrès.

Entre la Meuse et la Moselle, dans la région du bois de Mortmare, 150 mètres environ de tranchées allemandes sont tombées entre nos mains.

En Haute-Alsace, nos troupes sont entrées dans Steinbach et ont enlevé la moitié du village, maison par maison.

### Deuxième Communiqué

Hier soir, une attaque ennemie qui essayait, après une vive fusillade, de déboucher du bois de Forges (rive gauche de la Meuse), a été immédiatement refoulée.

Les positions conquises par nos troupes dans Steinbach ont été maintenues et nous continuons à y attaquer celles de l'ennemi.

Du reste du front, il ne nous est parvenu aucun autre renseignement qui mérite d'être signalé.

---

### 1ᵉʳ JANVIER 1915

**Violents combats au nord-ouest de Flirey, attaques allemandes repoussées. — Bombardement des gares de Metz et d'Arnaville par des avions français. — Le cuirassé anglais « Formidable » est coulé dans la Manche par un sous-marin allemand. — Victoire russe de Vekhni-Sarykamisch contre les Turcs.**

---

### Situation des armées sur le front occidental

Le ralentissement des opérations d'infanterie sur la presque totalité du front est dû, sans aucun doute, aux pluies persistantes qui ne cessent de tomber depuis plusieurs jours; les routes sont devenues impraticables et les mouvements de troupes et de matériel d'artillerie à travers des terres détrempées sont impossibles. Il faudra donc attendre, pour continuer l'offensive générale, si heureusement commencée dans la dernière quinzaine de décembre, une température plus propice.

Les communiqués officiels ne nous signalent guère pour la journée d'hier que des combats d'artillerie; sur deux ou trois points du front seulement, des combats d'infanterie ont été livrés. Dans le bois de la Grurie, en Argonne, les Allemands ont vigoureusement attaqué nos troupes, ils ont réussi, sur certains points, à enlever nos tranchées sur une profondeur de 50 mètres. Nous avons aussitôt renforcé nos lignes et contre-attaqué. Il y a tout lieu de croire que ce succès allemand n'aura pas de lendemain et qu'avant peu nous réoccuperons nos positions dans ce bois.

La même manœuvre a été exécutée au nord-ouest de Flirey, à mi-route de Saint-Mihiel à Pont-à-Mousson, mais avec moins de succès, six contre-attaques allemandes ayant pour objectif de reprendre le terrain que nous avions conquis la veille ont été repoussées.

A Steinbach, nous avons continué à progresser toute la journée d'hier et à enlever les maisons une à une.

Une action très importante dont il n'est pas question dans les communiqués officiels, mais qui est signalée par les journaux, s'est déroulée le 31 décembre au matin, en avant de Bouxières sous Froidmont entre Moselle et Seille. Une armée venant de Metz, appuyée par une grosse force d'artillerie et se dirigeant sur Bouxières se heurta à nos troupes qui occupaient des positions fortifiées. Notre artillerie de campagne et notre artillerie lourde balayèrent le terrain obligeant l'ennemi à une retraite précipitée. La bataille a été acharnée, on assure que les Allemands ont perdu au moins l'effectif d'une brigade. Toute la partie de frontière voisine de la Seille est complètement dégagée.

F. B.

## Nouvelles diverses publiées par les journaux

— On constate à Reims un ralentissement du bombardement; quelques obus sont tombés aux extrémités des faubourgs et n'ont blessé personne.

— Le gouvernement français vient de nommer M. Poilhé, qui était avant la guerre procureur de la République à Besançon, sous-préfet d'Alkirch, avec résidence à Dannemarie.

— Un télégramme de l'Amirauté anglaise annonce que le cuirassé anglais « Formidable » a été coulé dans la Manche, ce matin 1er Janvier.

— Il résulte d'informations sérieuses qu'un super-zeppelin a été détruit par les bombes lancées lors du raid britannique sur Cuxhaven. L'aviateur anglais Hewlett, dont on était sans nouvelles depuis le raid de Cuxhaven, a été recueilli en mer, près d'Héligoland, par un chalutier hollandais qui l'a débarqué à Ymuiden.

— Une dépêche de Melbourne fait connaître que les Australiens ont occupé l'île allemande de Bougainville, sur laquelle ils ont hissé le drapeau anglais.

— On annonce de Rome que deux corps allemands et deux corps autrichiens se sont croisés dans le Tyrol. Le premier était en marche sur la Bosnie et le second se dirigeait vers la Belgique. L'Autriche n'ayant plus confiance dans les Slaves pour combattre les Serbes, leur oppose des soldats allemands.

*En Russie.* — La bataille continue à se développer sur tout le front; malgré une avance assez lente, les Russes culbutent l'ennemi sur tout le front. A Bolimoff, la bataille s'est terminée par le désastre des troupes allemandes qui avaient cependant montré une grande bravoure et qui ont subi des pertes effrayantes. Les Russes, par des charges répétées à la baïonnette, ont chassé l'ennemi de ses tranchées, Bolimoff est à 60 kilomètres à l'ouest de Varsovie.

Les troupes russes ont abattu un biplan autrichien aux

environs de Przemysl, il transportait une grande quantité de produits alimentaires condensés destinés aux troupes de la garnison.

Le Président de la République a reçu une lettre par laquelle l'Empereur de Russie lui notifie le décès de S. A. le prince Oleg Constantinovitch de Russie, mort des suites de ses blessures.

*En Autriche.* — On signale diverses mutineries graves dans l'armée austro-hongroise. Un soldat tchèque de la garnison de San-Nicola a tué deux lieutenants et un sergent et s'est suicidé. Soixante-dix soldats provenant du recrutement de Trieste ont déserté, quarante ont été pris avant de pouvoir franchir la frontière italienne.

## Documents historiques, récits et anecdotes

*Le combat de Festubert.* — L'envoyé spécial du « Daily Mail », dans le nord de la France, décrit l'affaire de Festubert au cours de laquelle les Allemands, après s'être emparés de quelques tranchées anglaises, furent peu après repoussés avec de grosses pertes.

« C'est le dimanche 20 décembre, écrit-il, que l'ennemi tenta de rompre les lignes britanniques. Aux alentours des villages en ruines de Festubert et de Givenchy, situés près de Béthune et devant lesquels les troupes indiennes s'étaient retranchées.

« L'attaque eut lieu de grand matin. Brusquement, des tranchées allemandes, surgirent d'énormes masses de fantassins ennemis qui, baïonnette au canon et armés de grenades à main, se ruèrent vers nos lignes, distantes des leurs de 50 mètres à peine. Les Indiens, malgré leur vaillance, ne purent pas en si peu d'espace, arrêter l'avalanche qui se précipitait vers eux, et bientôt durent évacuer leurs trois premiers retranchements. Pendant des heures ils luttèrent à la baïonnette et avec leurs terribles couteaux, mais en vain. La nuit allait tomber sans qu'ils eussent pu déloger les Allemands.

« Les choses commençaient à se gâter et une retraite générale des Indiens et des Anglais accourus à leur aide, semblait inévitable, quand apparurent tout à coup du côté de Givenchy, deux régiments territoriaux français.

« Il n'en fallut pas davantage pour rendre aux Indiens et aux Anglais exténués toute leur ardeur. A partir du moment où les Français entrèrent dans la ligne de combat, écrit le correspondant, il n'y eut plus ni Anglais, ni Indiens, ni Français, il n'y eut plus qu'un flot d'hommes désespérés, luttant à coups de bombes, de couteaux et de baïonnettes. C'est à peine si un coup de fusil fut tiré. Les Allemands qui s'étaient figuré en avoir fini, essayèrent de se maintenir dans les tranchées gagnées par eux, mais en vain; les nôtres les repoussèrent successivement, de ligne en ligne, de galerie en galerie, accumulant partout les cadavres; à certains endroits, ils atteignaient la hauteur d'un mètre.

« A l'aube les alliés avaient non seulement repris toutes les tranchées perdues, mais faisaient leur entré dans le village de Givenchy, où ils avaient la joie de retrouver un certain nombre de camarades qui, dans la retraite, s'étaient trouvés coupés du reste des troupes et s'étaient réfugiés dans les caves des maisons, où les Allemands ne les avaient pas découverts. »

*Les combats des Vosges.* — Les communiqués des 25 et 30 décembre ont relaté l'attaque et la prise de la Tête-de-Faux, qui commande le col du Bonhomme. Cette action s'est effectuée dans les conditions que voici, d'après un de ceux qui y participèrent:

Toutes les batteries tonnent à la fois, invisibles, dissimulées on ne sait où. L'artillerie de montagne fait rage. Comme le 75, elle élève sa voix sèche, cassante, et le concert s'accentue. Les mitrailleuses s'en mêlent, puis la fusillade éclate.

L'action presque tout entière se déroule sous bois. Des clairons sonnent la charge. Des cris montent, multiples, furieux, féroces; ils emplissent la vallée: « En avant! A la baïonnette! » On voit les sections qui s'élancent, les pointes qui frappent. La compagnie de chasseurs s'est levée; elle s'est élancée vers les tranchées boches sur le Bonhomme. Mais c'est la grêle des marmites. Elles sifflent, tombent, éclatent, empestent l'atmosphère.

Oh! qu'ils sont prompts à se garantir! En voici un qui, poursuivi, trois fois se couche sous la pluie de fer, et trois fois se relève. En voilà d'autres, qui, eux, ne se relèveront plus. Le drame continue de plus en plus sourd, et comme ouaté: l'écho de la fusillade intense vient de l'autre côté des monts. Les nôtres ont dépassé la crête. C'est qu'ils sont les maîtres. Tout au fond, en bas, des maisons brûlent, déroulant leurs volutes rouges sur l'écran noir de la nuit.

## Dépêches officielles

### Premier Communiqué

De la mer jusqu'à Reims, il n'y a eu presque exclusivement que des combats d'artillerie.

L'ennemi a bombardé sans résultat le village de Saint-Georges et la tête de pont organisée par les Belges au sud de Dixmude.

Vive canonnade résolue à notre avantage entre la Bassée et Carency, entre Albert et Roye, dans la région de Verneuil et de Blanc-Sablon (près de Craonnelle). Sur ce dernier point, nous avons en outre démoli des ouvrages allemands.

Dans la région de Perthes et de Beauséjour, nous avons maintenu nos gains du 30 décembre. L'activité des deux artilleries opposées a été ininterrompue pendant toute la journée du 31.

En Argonne, l'ennemi a très violemment attaqué dans le bois de la Gruerie, sur presque tout le front. Il a gagné sur certains points une cinquantaine de mètres, mais il a été aussitôt contre-attaqué.

Dans la région de Verdun, violents combats d'artillerie.

Entre Meuse et Moselle, au nord-ouest de Flirey, les Allemands ont exécuté, dans la nuit du 30 au 31 et dans la matinée du 31, six violentes contre-attaques pour reprendre les tranchées conquises par nous le 30; toutes ont été brillamment repoussées.

Nos avions ont bombardé, de nuit, les gares de Metz et d'Arnaville.

Nous continuons à progresser pied à pied dans Steinbach. L'artillerie ennemie a montré, dans la matinée du 31, une grande activité, mais, dans l'après-midi, nos batteries ont pris nettement l'avantage.

### Deuxième Communiqué

Pas encore de nouvelles des opérations de la journée.

---

### 2 JANVIER 1915

**Les Français s'emparent du plateau de Nouvron. — Prise par les Français des premières maisons de Steinbach (Alsace). — Les Russes battent les Autrichiens à Méchanka (Galicie). — Des aviateurs Français jettent des bombes sur un hangar à zeppelins à Bruxelles.**

---

### Situation des armées sur le front occidental

Le dernier jour de l'année 1914 et le premier de l'année 1915 se ressemblent beaucoup, au point de vue de la situation militaire. On a tiré de nombreux coups de canon dans la nuit du 31 décembre et dans la journée du 1ᵉʳ janvier, de la mer du Nord à l'Aisne, et on s'est battu à la baïonnette, en Argonne, en Voëvre et dans les Vosges.

Depuis que nous occupons près des dunes de la mer du Nord, la position importante de Saint-Georges, les Allemands qui sont à Westende, ne peuvent tenter aucune attaque d'infanterie sans s'exposer à être pris entre deux feux, c'est pourquoi ils se contentent de répondre à notre tir d'artillerie.

Il ne faudrait pas croire, quoique les communiqués officiels ne nous font connaître aucune action importante d'infanterie, dans la région de la mer du Nord à l'Aisne, mais seulement de violents combats d'artillerie, que les troupes restent de part et d'autres inactives.

Les alliés ont combattu continuellement ces jours derniers, soit qu'ils aient repoussé des attaques allemandes, soit qu'ils aient eux-mêmes talonné l'ennemi. Les journaux anglais persistent à nous dire que nos troupes s'avancent en Belgique d'un mouvement régulier, et il nous est très agréable d'ajouter foi à d'aussi bonnes nouvelles.

A deux kilomètres de Mesnil-les-Hurlus, à l'est de Reims, nous avons progressé, en enlevant à la baïonnette un bois occupé par les Allemands.

En Argonne, dans le bois de la Gruerie, nous avons regagné la plus grande partie du terrain qui nous avait été enlevé la veille et nous avons solidement fortifié le terrain repris.

Dans les Vosges, nous avons repoussé une attaque allemande à Bréménil, au nord de Saint-Dié. Nous avons continué à progresser dans la localité de Steinbach, en Alsace, où nous nous sommes emparés de la plus grande partie des maisons.

C'est toujours l'offensive lente à laquelle nous sommes habitués.

F. B.

## Nouvelles diverses publiées par les journaux

— L'Amirauté anglaise fait connaître que le cuirassé anglais « Formidable » a été coulé par un sous-marin allemand le nombre des survivants de la catastrophe est de 201.

— Un grand vapeur danois, le « Holm », qui transportait un chargement de coton, a heurté une mine dans la mer du Nord et a coulé.

— Un avion allemand a essayé de survoler Nancy, le 31 décembre, il a été reçu à coups de canon et il a rejoint la frontière.

— Deux autres avions ont survolé, le 29 décembre, Bruyères et Dounoux, ils ont été canonnés et se sont retirés.

— Le gouvernement français vient de nommer receveur des postes à Thann (Alsace) M. Lutz, commis principal à Paris.

— On apprend de Rome que le gouverneur militaire de Pola s'est suicidé, parce qu'au moment où le submersible français « Curie » fut aperçu en rade de Pola, la panique fut telle que les forts firent feu au hasard et qu'un coup de canon atteignit le cuirassé Radetzki et lui causa une grave avarie.

— Le Kaiser a, paraît-il, l'intention de donner le trône de Belgique à son troisième fils, le prince Adalbert.

*En Russie.* — La situation des belligérants en Pologne russe paraît devoir être bientôt la même que sur le front occidental, les communiqués russes nous parlent d'avance et de tranchées enlevées à la baïonnette, on se croirait sur les bords de l'Aisne. En Galicie, l'avance est plus rapide et les armées russes ont pénétré en Hongrie, il y a tout lieu de croire que Cracovie sera prochainement investie, la gauche russe n'est plus qu'à 60 kilomètres de cette ville.

On mande de Varsovie au « Times » que six corps d'armée allemands ont soudain disparu du front, on se demande s'ils ont été portés sur une aile ou s'ils ont été retirés pour aller renforcer les troupes qui opèrent en France.

*En Turquie*. — La panique règne à Constantinople, on craint que cette ville ne tombe la première entre les mains des alliés. Les saintes reliques ont été transportées à Brousse, le sultan et sa suite se préparent à les suivre.

Des réfugiés venant de Jaffa disent que Djemal Pacha, qui commandait les forces ottomanes en Syrie a été trouvé mort, le 1$^{er}$ janvier, dans l'appartement qu'il occupait.

On annonce que les Turcs transportent plusieurs milliers de sacs de ciment avec lesquels ils ont l'intention de barrer le canal de Suez et de créer ainsi un passage pour leurs troupes.

## Documents historiques, récits et anecdotes

*Eloquent hommage à la France*. — Nous devons penser à ce que la France a fait et à ce qu'elle fait pour la cause commune, plutôt qu'à ce que nous avons fait ou à ce que nous faisons nous-mêmes.

Sur la longue ligne qui s'étend de la mer du Nord à la Suisse, des Français combattent, souffrent et meurent pour la Grande-Bretagne aussi bien que pour la France. C'est pourquoi nous devons faire en sorte qu'il ne puisse pas être dit dans l'avenir que la victoire, qui aura coûté si cher à la France, a été remportée à peu de frais par nous. Si une telle chose pouvait être dite, l'amitié sincère qui unit les deux pays n'existerait plus.

Nous devons rendre hommage à cette France qui a étonné le monde par son endurance et par tant d'exploits sur lesquels elle garde un silence si fier.

Qu'il nous soit permis d'offrir à la France l'hommage de nos félicitations et la promesse de lui donner toute l'aide possible dans l'avenir. — (*Du Times*).

*La monnaie de leur pièce*. — Un de nos lecteurs nous fait part d'une lettre qu'il a reçue d'un officier, de ses amis, actuellement sur le front.

Cet officier rapporte que, dans un récent combat d'artillerie, un certain flottement venait de se manifester parmi de jeunes soldats qui n'avaient encore pas eu le temps de s'accoutumer au feu.

Un projectile avait jeté à terre plusieurs hommes et les autres paraissaient en proie à un sentiment de panique.

Soudain, un servant qui tenait en mains un projectile qu'il avait retiré du caisson s'écria:

« Voyez, caisse! Un soixante-quinze à rendre à ces messieurs! »

Deux secondes après, la monnaie était rendue.

## Dépêches officielles

### Premier Communiqué

Dans la nuit du 31 décembre au 1er janvier, l'ennemi a prononcé, sur de nombreux points du front, des attaques qui ont été facilement repoussées.

La région au nord de la Lys a été, dans la journée du 1er janvier, le théâtre d'un combat d'artillerie particulièrement vif, sur les dunes, à Nieuport et Zonnebeke; à Saint-Georges, l'ennemi n'a pas continué à contre-attaquer et tous nos gains ont été maintenus.

Dans la région d'Arras, d'Albert et de Roye, duels d'artillerie: l'ennemi nous a fait sauter deux caissons entre Beaumetz et Achicourt; nous avons, en revanche, bouleversé ses tranchées de Parvillers et de la Boisselle et éteint le feu des minenwerfer établis devant Fricourt.

Notre artillerie a obtenu également des résultats heureux dans la région de l'Aisne, où elle a fait taire l'artillerie ennemie et dispersé plusieurs rassemblements. Nous nous sommes installés sur le plateau de Nouvron, dans des excavations produites par explosions de mines; les Allemands n'ont pu nous y devancer, ni nous en chasser, toutes leurs contre-attaques ont été repoussées.

La région de Reims a été assez violemment bombardée par l'ennemi.

Dans la région de Perthes, nous avons enlevé et conservé un bois à deux kilomètres nord-est de Mesnil-les-Hurlus. L'ennemi n'a pas contre-attaqué.

En Argonne, dans le bois de la Gruerie, le fléchissement local signalé hier n'a pas eu de suites; nous avons regagné une partie du terrain perdu et nous tenons fortement nos positions.

Sur les Hauts-de-Meuse, combat d'artillerie sans grande intensité.

En Woëvre, nous avons conservé les positions gagnées le 30 décembre, sans que l'ennemi ait contre-attaqué et nous avons marqué, dans le bois Le Prêtre, une légère progression.

Dans les Vosges, nous avons repoussé une attaque allemande à Bréménil (trois kilomètres nord-est de Badonviller) et infligé à l'ennemi de fortes pertes à Steinbach, où notre infanterie a enlevé hier, trois nouvelles lignes de maisons.

## Deuxième Communiqué

Pas d'autres faits notables à signaler qu'une fusillade nourrie la nuit dernière contre nos tranchées à l'est de Vermelles et dans la région au nord de Chaulnes, et une attaque allemande sans succès à l'ouest du bois de Consenvoye.

## 3 JANVIER 1915

**Bombardement de Zonnebeke (Belgique) par les Allemands. — Les Français bombardent et détruisent un train allemand en gare d'Altkirch. — Des navires italiens protègent les consuls Anglais et Français à Durazzo.**

---

### Situation des armées sur le front occidental

La nouvelle année n'a rien modifié à la tactique des armées sur l'ensemble du front. Nos progrès continuent, lentement comme par le passé, mais enfin ils continuent; le communiqué d'aujourd'hui nous signale que la lenteur de notre offensive est due aux pluies incessantes qui détrempent le sol et rendent les opérations à peu près impossibles. C'est nous annoncer d'une façon discrète une offensive générale dès que le temps le permettra. En Belgique, nous avons conservé les positions que nous avions conquises, les efforts de l'ennemi pour les reprendre sont toujours impuissants malgré les troupes qui sont venues renforcer les lignes allemandes.

Sur plusieurs points du front nous avons sensiblement progressé, notamment à la Boisselle, au sud d'Arras, où nous avons gagné 500 mètres, à Perthes-les-Hurlus, à l'est de Reims où nous avons progressé de 300 mètres; par contre, dans le bois de la Gruerie et à Beauséjour nos attaques ont été repoussées par l'ennemi, nous avons simplement conservé nos positions. Vers Pont-à-Mousson et dans les Vosges, nous avons obtenu de légers succès. C'est surtout en Haute-Alsace que nous déployons notre plus grande activité et qu'ont lieu de véritables combats qui changent un peu de la guerre de tranchées qui existe sur le reste du front. Nous inquiétons continuellement l'ennemi par nos attaques incessantes et nous le refoulons peu à peu vers la rive gauche du Rhin; dans la journée d'hier, nous avons réussi à détruire ses communications par voie ferrée entre Carspach et Dierspach et nous avons fortement endommagé un train en gare d'Altkirch. Nos aviateurs prennent une part active à tous les combats, soit en nous renseignant sur les mouvements de troupes de l'adversaire, soit en jettant des bombes qui détruisent ses convois. Il paraîtrait que les autorités de Strasbourg s'inquiètent et prennent des mesures en prévision d'un siège.

F. B,

## Nouvelles diverses publiées par les journaux

— On annonce de Londres que six nouvelles armées de trois divisions chacune sont formées et complètent leur instruction; elles sont commandées, en commençant par la première, par sir Douglas Haig, Horace Smith Dorrieu, sir Archibald Hunster, sir Ian Hamilton, sir Leslie Rudle et sir Bruce Hamilton.

— Deux aéroplanes allemands ont survolé Abbeville dans la journée du 1$^{er}$ janvier, l'un vers 8 heures et l'autre vers 11 heures, le dernier laissa tomber une bombe près du cimetière.

— Deux aviateurs alliés ont survolé Liesdorf, près de Sarrelouis, ils ont jeté plusieurs bombes et sont rentrés en France sans être inquiétés.

— Les journaux allemands annoncent qu'un capitaine aviateur français a atterri près de Haltingen (duché de Bade), il a été emprisonné.

— Par décret en date du 27 décembre 1914, le sous-lieutenant de réserve de cavalerie roumaine Jean-Georges Kojnitza a été autorisé à servir la France au titre étranger, pendant la durée de la guerre et affecté au 5$^e$ régiment de chasseurs.

— On annonce d'Amsterdam que la ville de Gand a été condamnée à verser en or une amende 100.000 marcks, parce qu'une centaine de mètres de fil télégraphiques ont été coupés et enlevés.

— De Genève, on fait connaître que le chiffre des prisonniers de guerre faits aux Etats de la Triple entente par les austro-allemands est de 575.000, mais on croit ce chiffre exagéré en raison de ce qu'une quantité considérable de prisonniers figurent sur plusieurs listes, les prisonniers civils y sont également compris.

— Les journaux italiens publient que le 31 décembre, des torpilleurs français ont fait prisonniers 30 Allemands qui se trouvaient à bord du navire « Citta di Sassari », un croiseur français a arrêté également 3 ingénieurs allemands qui se trouvaient à bord du « Caprera ».

*En Russie.* — Une bataille acharnée se livre sur la Bzoura. Les premières tranchées russes ne sont séparées des allemands que par la rivière, large de 30 mètres, les ennemis se lancent des grenades à main, le mouvement des allemands sur Varsovie est définitivement enrayé. Quant à l'Autriche elle reconnaît elle-même que ses troupes ont reculé devant les forces russes, supérieures en nombre. Au cours de la dernière quinzaine de décembre, l'armée du général Dmitriew a capturé 311 officiers, 22,269 soldats, 7 canons et 45 mitrailleuses.

*En Roumanie.* — L'intervention armée de la Roumanie paraît certaine. Suivant les déclarations du député roumain Diamandy, elle est en mesure de mettre sur pied 500.000 à 600.000 hommes bien entraînés et l'entrée de ces troupes dans le conflit portera un coup fatal à l'Autriche. La déclaration de guerre de la Roumanie entraînera probablement celle de l'Italie.

# Documents historiques, récits et anecdotes

*Le bois de Mort-Mare.* — Rien au monde ne saurait donner une idée approximative du drame qui se déroule depuis trois mois dans ce bois farouche de Mort-Mare.

Situé presque en bordure de la route qui va de Commercy à Pont-à-Mousson et Metz, au nord du village de Flirey, ce bois est traversé par la ligne de Thiaucourt à Toul, un chemin de fer à voie étroite, auquel ses méandres capricieux en Woëvre ont valu le sobriquet de «tortillard».

Le « tortillard », inauguré il y a trois ans seulement, par M. Cochery, rendait quelques services à la population agricole; il ouvrait et développait des relations entre les marchés de ses deux points terminus. Mais la guerre a singulièrement changé sa destination et augmenté son importance.

Le service de la ligne sur le tronçon de Thiaucourt à Flirey est consacré maintenant au ravitaillement en subsistances et en munitions des Allemands, qui occupent le bois de Mort-Mare.

Pour établir avec la place de Metz des relations rapides et directes, le génie allemand a rattaché entre elles les deux gares de Thiaucourt — celle du « tortillard » avec celle de la ligne d'Arnaville; ainsi sont évités les retards et les inconvénients d'un transbordement de personnel ou de matériel.

Les dispositions ennemies permettent aux Boches de maintenir en Woëvre les points d'appui dont ils ont besoin pour garder intacte leur avance vers la Meuse et pour protéger, le cas échéant, une retraite.

Déjà, une volée d'obus tombée l'autre jour sur la gare d'Arnaville, en y détruisant le raccordement de la voie de Thiaucour avec la grande ligne de Metz-Nancy, a eu pour conséquence un long et dangereux détour de leurs convois par Amanvillers, Conflans-Jarny et Onville.

Les dégâts ont été assez vite réparés; mais voici qu'aujourd'hui même les dépêches officielles annoncent, cette fois, que, non contents de couper la bifurcation d'Arnaville à la frontière, nos aviateurs ont recommencé avec le même succès le lancement de leurs bombes sur la gare principale de Metz, au moment où s'y produisaient d'importants mouvements de troupes.

Point n'est besoin d'avoir sur les résultats d'une aussi heureuse opération des détails, que l'état-major produira incessamment aussi complet que circonstanciés, pour mesurer l'étendue et la gravité des conséquences qu'une telle expédition aura pour nos adversaires.

Encore une fois l'émotion s'est emparée de la population messine qui « sent » près d'elle battre le cœur de notre armée; encore une fois l'intimidation a troublé la confiance des Boches; encore une fois les tranchées de Mort-Mare sont isolées de leur base de ravitaillement par la nécessité d'emprunter un itinéraire que menacent l'offensive de notre infanterie et la perpétuelle menace de notre aviation.

Ah! ce bois de Mort-Mare... Comme il dépasse en horreur tragique le cimetière d'Elseneur, les cercles de l'enfer, le champ de bataille de Wagram, que des poètes peuplent de spectres et remplissent d'une clameur d'épouvante.

*Depuis trois mois!* — Comme la forêt du bois Le Prêtre, il commande la possession de Thiaucourt et de la Grand'route. On s'y bat avec acharnement, avec rage depuis plus de trois mois. Nos batteries d'artillerie lourde ont fait merveille; mais les Boches, écrasés dans leurs terriers, ont multiplié les moyens de défense: sapes, tessons de bouteilles, fils de fer barbelés, baïonnettes plantées verticalement dans le sol commes des pales — sans compter les mitrailleuses.

A plusieurs reprises, les demandes d'armistice ont été formulées; elles ont été systématiquement repoussées, car nous nous tenons sur nos gardes, redoutant qu'au lieu d'inhumer ses morts et d'enlever ses blessés le « voisin d'en face » emploie la trêve à la consolidation de ses travaux ou à l'appel de nouveaux renforts.

Des témoins dignes de foi racontent que, pendant une interminable semaine de souffrance, d'agonie, de râle, plusieurs compagnies gisaient entre les lignes, implorant un secours que personne n'osait leur porter sous la mitraille.

Les explosions, la destruction des ouvrages ont littéralement couvert le sol de débris humains qui, par endroits, restent suspendus aux arbres...

Et d'autres témoins racontent aussi cette histoire qui documentera, dans l'avenir, les dossiers sur l'espionnage en France avant la guerre et sur les préparatifs des hostilités en Lorraine.

Un amateur suspect de chasse s'enquît, il y a quelques années, des « lots » où il pourrait satisfaire ses goûts cynégétiques. Il visita en détail le bois de Mort-Mare, s'arrêta longuement aux particularités qui semblaient plus vivement l'intéresser; puis, sans inutile marchandage, il accepta les prix et conditions du propriétaire. C'est ainsi paraît-il, que ce coin de la Woëvre fut habilement « repéré » et qu'il devint en peu de jours une véritable citadelle où devait se briser l'effort de nos attaques.

Pour quiconque sait comment l'ennemi s'est installé au bois Le Prêtre et dans l'inexpugnable abri qui retarde encore l'action française en Woëvre, il n'est point de bulletin de victoire plus éloquent, plus glorieux que ces trois lignes du communiqué officiel:

« 150 mètres de tranchées allemandes sont tombées entre nos mains. » — (*Petit Parisien*).

## Dépêches officielles

### Premier Communiqué

Pendant la journée du 2, nous avons conservé, au nord de la Lys, les positions gagnées les jours précédents; l'ennemi n'a montré d'activité que dans la région de Zonnebeke qu'il a bombardé assez violemment.

De la Lys à Arras, calme presque complet.

Combat d'artillerie dans la région d'Albert et de Roye.

Notre infanterie a progressé de cinq cents mètres près de la Boisselle.

De l'Oise à la Meuse: Sur le plateau de Touvent, notre artillerie lourde a démoli divers ouvrages d'où l'ennemi gênait nos travailleurs.

Vifs combats d'artillerie à l'ouest et à l'est de Craonne.

Près de Perthes-les-Hurlus, nous avons progressé de trois cents mètres.

Près de Beauséjour, combats d'infanterie où nous avons infligé de fortes pertes à l'ennemi.

Les Allemands ont prononcé deux attaques sans succès dans le bois de la Gruerie.

Sur toute cette partie du front, l'artillerie a montré, de part et d'autre, une grande activité.

Dans la région de Verdun et sur les Hauts-de-Meuse, duel d'artillerie.

Nous avons gagné encore un peu de terrain dans le bois Le Boucher, nord-est de Troyon et dans le bois Le Prêtre (nord-ouest de Pont-à-Mousson).

Dans les Vosges: Nous avons occupé une tranchée ennemie près de Celles-sur-Plaine. Combats d'artillerie dans le Ban-de-Sapt et dans la vallée de la Fave.

En Haute-Alsace, nos gains antérieurs dans la région de Thann ont été maintenus.

Nous avons bombardé un train allemand en gare d'Altkirch et opéré des destructions sur la voie ferrée entre Carspach et Dierspach, au sud-ouest d'Altkirch.

D'une manière générale, le ralentissement sensible que l'on peut constater dans notre activité offensive doit être attribué aux pluies incessantes qui, détrempant le sol, rendent partout les opérations à peu près impossibles.

### Deuxième Communiqué

Aux dernières nouvelles, aucune modification n'était signalée dans la situation.

Le temps continue à être très mauvais sur presque tout le front.

---

### 4 JANVIER 1915

L'avance française en Champagne se continue dans les régions de Perthes et de Mesnil-les-Hurlus. — Les Français s'emparent des hauteurs qui dominent Cernay et de toutes les maisons de Steinbach. — Grande victoire remportée par les Russes sur les Turcs à Sarykamisch. — Arrivée à Rome d'une mission diplomatique roumaine.

---

#### Situation des armées sur le front occidental

Un journal anglais, le « Daily Télégraph » constate, dans un de ses plus récents numéros, qu'une énergie nouvelle enflamme les Français et les entraîne, de Nieuport à la frontière suisse, à de constants et fructueux efforts. Il est en effet indiscutable que partout nous dominons l'adversaire par notre offensive vigoureuse ou par notre résistance énergique. De la mer jusqu'à l'Aisne on ne signale pour la journée d'hier aucune attaque importante d'infanterie, nous consolidons nos positions et les Allemands continuent en Belgique à améliorer leurs travaux de défense. Seule, l'artillerie parle mais le feu terrible de l'ennemi n'a pas pu chasser nos troupes de Saint-Georges, alors que notre artillerie lourde a réduit au silence les batteries allemandes, en face de Noulettes, au nord d'Arras.

Nous avons progressé un peu dans la région de Perthes et de Mesnil-les-Hurlus, mais tous nos efforts pour enlever la localité de Boureilles, entre Argonne et Meuse, se sont brisés devant la résistance allemande. Comme les jours précédents, c'est surtout en Haute-Alsace que les combats ont été très violents. C'est un duel terrible qui se livre dans la région de Steinbach et de Cernay. A Steinbach, dans le courant de la nuit dernière les Allemands ont repris le quartier de l'église mais le matin nos troupes ont réoccupé le village tout entier. Autour de Cernay, même mouvement, dans la nuit les Allemands ont repris, à l'ouest de la ville, le terrain qu'ils avaient perdu la veille, mais ils n'ont pas pu le conserver. En prévision de l'attaque française, les Allemands ont fait évacuer Cernay, mais il ne paraît pas dans les vues de l'état-major français de sacrifier cette localité en la bombardant pour en rejeter les Allemands, il se contente d'occuper les hauteurs. L'ennemi renforce ses lignes en Haute-Alsace, on prétend même qu'il a reçu des troupes de Pologne.

F. B.

## Nouvelles diverses publiées par les journaux

— On confirme que 3 cuirassés autrichiens ont été fortement endommagés par les unités françaises, ils ont leur coque largement déchirée, ils sont en réparation dans les docks de Pola.

— Les journaux hollandais annoncent que des aviateurs français ont survolé Bruxelles le 9 janvier, ils ont jeté des bombes sur le champ de manœuvres d'Etterbeck, un hangar a été en partie détruit et plusieurs soldats ont été tués.

— L'Empereur d'Abyssinie a paraît-il offert au gouvernement français 250 superbes chevaux arabes pour les officiers de l'état-major et 200 mulets pour l'artillerie de montagne.

— A l'occasion du nouvel an M. Rolfon Steelman a remis à notre ambassadeur à Washington, une somme de 500.000 francs destinée à soulager la misère des populations de la France du Nord. Il y a quelques années, cet ami de la France avait remis une pareille somme destinée à nos Ecoles des Beaux-Arts.

*En Russie.* — La bataille des Quatre-Rivières, ainsi dénommée parce qu'elle s'est livrée sur la Bzoura, la Rawka, la Pilitza et la Nida, semble terminée. Les Austro-Allemands ont complètement échoué dans leur tentative sur Varsovie et partout ils sont réduits à la défensive, le général Von Hindenburg en est réduit à combiner un nouveau plan de campagne et des mouvements de troupes s'effectuent sur le front allemand afin de couvrir Cracovie. La Hongrie est envahie par les armées russes, elles avancent rapidement et plusieurs divisions autrichiennes sont cernées dans les Carpathes. La situation de Przemysl est de plus en plus désespérée. La Bohême paraît prête à se soulever contre l'autorité de l'Autriche, la situation serait même plus grave qu'en Hongrie.

*En Turquie.* — Une grande anxiété règne à Constantinople et on craint des émeutes, on attend avec nervosité le résultat de la bataille qui se livre autour de Sarykamisch et où les Turcs subissent des pertes énormes, la situation de l'armée paraît critique.

— L'ex-sultan Abdul-Hamil a été emmené de Brousse à Konia (Turquie d'Asie).

*En Italie.* — On signale un grave incident de frontière austro-italien. Des soldats Autrichiens originaires du Trentin ayant déserté et s'étant réfugiés en Italie, des gendarmes autrichiens ont pénétré sur le territoire italien, ont arrêté les déserteurs et les ont emmenés en Autriche. Le gouvernement italien exigera que les déserteurs soient relaxés.

— On télégraphie de Durazzo que, le 3 janvier, les rebelles albanais demandaient qu'on leur remit les ministres de France et de Serbie; qu'Essad-Pacha a demandé la protection de la légation d'Italie; que les cuirassés italiens « Sardigna et Misurata » ont tiré quelques coups de canon sur les rebelles et les ont dispersés; que le personnel des légations d'Italie, de France et de Serbie s'est embarqué à bord des navires de guerre italiens.

## Documents historiques, récits et anecdotes

*La prise de Steinbach. — Un beau combat.* — Le 29 décembre, dans la nuit, un fort contingent français avait réussi à traverser la Thur, en amont de Thann. Le 30, à l'aube, un violent duel d'artillerie s'engageait entre nos batteries et les pièces allemandes en position sur les hauteurs de Wattweiler. L'ennemi tirait habilement et l'épaisseur de la forêt rendait presque impossible le repérage par avions de ses pièces.

Cette lourde tâche allait échoir à nos patrouilles. Pénétrant dans les lignes allemandes, nos éclaireurs risquaient de tomber à chaque pas dans une embuscade; ils battaient les sapinières. L'audace de nos chasseurs nous permettait bientôt de découvrir l'emplacement des principales batteries adverses; avant la fin du jour, les trois quarts des 77 prussiens étaient démontés, le reste se taisait et battait en retraite.

Au matin du 31, notre infanterie occupait la plupart des crêtes dominant Steinbach; ce village, avant-poste de Cernay, était l'enjeu du combat que nos troupes livraient sans trêve depuis quarante-huit heures. Les Allemands étaient cernés. Nous leur envoyâmes un parlementaire pour arrêter l'effusion du sang.

Le parlementaire rentrait une heure plus tard dans nos lignes avec la réponse allemande, à savoir que le commandant en chef des forces adverses ne se considérait nullement comme cerné, que la route de Sennkeim restait libre pour la retraite toujours possible et qu'en tout cas les troupes de l'empereur se font tuer, mais ne se rendent pas. Un otage qui avait réussi à s'enfuir de Steinbach affirmait que la veille trente soldats du landsturm, dont l'attitude semblait peu résolue, avaient été fusillés séance tenante sur la place du village. Les batteries échappées à nos coups avaient rallié pendant la nuit le hameau. Nul doute qu'il nous fallut conquérir celui-ci maison par maison. L'ordre de marcher en avant fut donné.

A midi nous dévalons en colonnes éparses vers le village. Les 77 ouvrent le feu, mais le terrain n'est point pour favoriser le tir de l'adversaire. Nos tirailleurs parviennent à moins de 200 mètres des premières bâtisses, Là, sont établis les avant-postes prussiens. Une mitrailleuse placée dans le clocher de l'église arrose la lisière des sapinières, d'où il nous faudra déboucher; il nous faut à tout prix enlever ce point d'appui.

Une petite ferme est là, à laquelle conduit un chemin creux; mais la section ennemie qui en a la défense a eu le soin de mettre en avant une rangée de civils, parmi lesquels on distingue une femme aux cheveux épars sur les épaules et les mains liées derrière le dos. Cette nouvelle infamie enflamme le courage de nos soldats. Une compagnie s'élance en avant à la baïonnette. Le chemin de la ferme est balayé par le feu de l'ennemi, mais rien n'arrête les nôtres. Malgré nos pertes, en un clin d'œil, la section adverse est cernée, la porte de la maison est enfoncée, et à une heure nous sommes maîtres de la ferme.

Le hasard veut que notre point d'appui soit relié au centre de Steinbach par une série de hangars; nous grimpons sur l'un d'eux une mitrailleuse qui domine une tranchée ennemie à l'entrée de la rue principale. Comme un fait exprès, des trous donnant sur les lignes allemandes sont percés dans les murs des granges et destinés à donner de l'air aux fourrages. Ces ouvertures sont pour nous des meurtrières parfaites.

Un de nos meilleurs tireurs est parvenu à l'extrémité des hangars. Dissimulé avec soin, il épaule dans la direction de la place du village. Quelques canons sont rangés là qui tirent toujours vers les pentes le long desquelles nos renforts et nos munitions de réserve arrivent. Notre homme, posément, à 200 mètres, ajuste les servants prussiens, les abat l'un après l'autre. Cet exploit, qui prive la batterie ennemie de son personnel, permet à notre ligne principale de faire à nouveau un bond en avant. Les fantassins allemands veulent prendre la place des artilleurs tombés, mais ignorant le maniement des pièces, ils perdent un temps précieux.

A la fin de l'après-midi, une de nos colonnes parvint à se glisser sur la droite ennemie, le long du ruisseau de Steinbach; nous prenons ainsi le village à revers.

A cinq heures, une contre-attaque désespérée de l'ennemi, au nord du hameau, échoue piteusement.

Le combat se poursuit farouche jusqu'au soir; toute ruelle devient une embuscade, toute maisonnette se transforme en citadelle, la possession d'un mur, d'une porte devient l'objet de corps à corps furieux.

A la faveur de l'ombre, un de nos volontaires se dévoue et va mettre le feu à une grande remise derrière laquelle s'abrite une force allemande. Notre homme réussit sa mission, et, à la lueur du foyer, nous voyons bientôt s'enfuir les troupes ennemies.

Une de nos mitrailleuses ouvre le feu sur les fuyards et non sans profit. Une heure plus tard, l'adversaire, qui veut nous rendre la pareille, réussit à jeter des grenades incendiaires sur une de nos granges, mais les Prussiens ont mal calculé: le vent d'ouest souffle et rabat les flammes vers les Allemands, obligeant ceux-ci à évacuer leur première ligne de tranchées. L'incendie, qui gagne, atteint la réserve des munitions, qui saute avec un bruit effroyable. La fusillade crépite de toutes parts. Enfin, la partie est gagnée! Nous sommes maîtres de Steinbach. Les Allemands ont subi de grosses pertes, que l'on peut évaluer, sans exagération, à 4.000 hommes tués ou blessés et à 2.000 prisonniers. — (*Le Matin*).

## Dépêches officielles

### Premier Communiqué

De la mer à l'Oise, journée presque complètement calme; temps pluvieux. Duel d'artillerie sur quelques points du front.

En face de Noulettes, notre artillerie lourde a réduit au silence les batteries allemandes.

Sur l'Aisne et en Champagne, la canonnade a été particulièrement violente: nos batteries ont affirmé leur supériorité et pris sous leur feu des réserves ennemies.

Nous nous sommes emparés de plusieurs points d'appui tenus par les Allemands dans la région de Perthes et de Mesnil-les-Hurlus.

Entre Argonne et Meuse, ainsi que sur les Hauts-de-Meuse, canonnade intermittente. Une tentative faite hier matin par nos troupes pour enlever Boureuilles n'a pas réussi.

Notre progression a continué dans le bois Le Prêtre (nord-ouest de Pont-à-Mousson).

En Haute-Alsace, nous avons enlevé une importante hauteur à l'ouest de Cernay; une contre-attaque ennemie a été repoussée.

A Steinbach, nous avons pris possession du quartier de l'église et du cimetière.

### Deuxième Communiqué

Les seuls renseignements qui soient parvenus jusqu'à présent sont relatifs à la Haute-Alsace, où les combats ont continué très violents dans la région de Cernay.

La nuit dernière, nos troupes ont perdu, puis repris le quartier de l'église à Steinbach. Ce matin, elles ont enlevé le village tout entier.

Les ouvrages allemands à l'ouest de Cernay (cote 425), enlevés par nous, hier, ont été perdus un instant la nuit dernière à la suite d'une très violente contre-attaque; mais les Allemands n'ont pu s'y maintenir et cette position reste entre nos mains.

---

## 5 JANVIER 1915

**Progression des alliés dans la région de Nieuport et à Saint-Georges. — Les Français s'emparent du hameau de Creux-d'Argent au sud-est du col du Bonhomme (Vosges). — La victoire russe de Sarykamysch se change pour les Turcs en véritable déroute. — Le cardinal Mercier est retenu prisonnier par les Allemands dans son palais épiscopal de Malines. — Constantin Garibaldi est tué en Argonne.**

---

### Situation des armées sur le front occidental

Le mauvais temps persiste et continue à gêner nos opérations offensives; cependant, en Belgique, dans la journée d'hier, malgré la pluie et le mauvais état du terrain nous avons opéré un mouvement en avant qui a parfaitement réussi. Dans les dunes, en face de Nieuport, nous avons gagné du terrain et dans la région de Saint-Georges nous avons progressé sur certains points de 200 à 500 mètres. Le correspondant de guerre d'un journal anglais prétend que les Allemands, dans le but de nous faire abandonner nos opérations actuelles dans la région de Nieuport, concentrent des troupes à Courtrai avec l'intention de tenter un nouvel effort sur Ypres. Ils continuent toujours les travaux de défense face à la mer, notamment dans la région de Zeebrugge.

Dans le voisinage de Lille, les Allemands ayant fait sauter une de nos tranchées et s'en étant emparés, nous avons contre-attaqué immédiatement et nous l'avons reprise.

Nous avons remporté un succès au nord de Saint-Mihiel, sur la rive droite de la Meuse; nous nous sommes emparé d'une carrière et des tranchées voisines, entre Maizey et Rouvrois. Les grands combats continuent en Alsace, nous avons progressé légèrement au sud-est du col du Bonhomme et nous nous sommes emparé du hameau de Creux-d'Argent, dans la direction d'Orbey, nous avons maintenu nos positions entre Thann et Cernay. L'ennemi craint beaucoup que nous nous emparions de toutes les hauteurs dominant Cernay, car il serait alors obligé d'abandonner la ville. Nos avions ont jeté des bombes sur les gazomètres et les salines de Dieuze, causant de grands dommages. Des renseignements puisés à source sûre indiquent que les Allemands préparent un mouvement important sur un point quelconque de la région. Des troupes se concentrent dans la région de Metz-Sarrebourg, plusieurs régiments ont été amenés dans cette région et leurs effectifs ont été complétés. Nous ne tarderons pas à être fixés sur les intentions de l'ennemi.

F. B.

## Nouvelles diverses publiées par les journaux

— Le *Journal officiel* publie, parmi les nominations dans la Légion d'honneur, celle du célèbre dessinateur Hansi, au grade de chevalier. L'Alsacien Hansi s'est engagé dans l'armée française dès le début de la guerre.

— L'amiral Boué de Lapeyrère ayant été obligé par suite du mauvais temps, de séjourner 24 heures dans le port de Navarin, il a remis aux autorités locales une somme de 500 francs pour les réfugiés de Thrace.

— Des aéroplanes allemands ont survolé Dunkerque hier, mais ils ont aussitôt été mis en fuite par un canon contre aéroplanes qui a tiré sur eux.

— Il résulte de renseignements puisés à bonne source que des aéroplanes alliés, deux anglais et quatre français, viennent de bombarder Metz, ils ont causé des dommages considérables à plusieurs ouvrages militaires. Ils sont revenus sains et saufs à leur point de départ.

— Un télégramme du ministère de la guerre fait connaitre que Constantin Garibaldi vient de tomber au champ d'honneur. C'est le deuxième fils du général Garibaldi, tué au service de la France, depuis peu de jours.

— On annonce d'Amsterdam que le cardinal Mercier, primat de Belgique, a été arrêté par les autorités allemandes, à la suite de la lecture, dans les églises de Belgique, de sa lettre pastorale affirmant que la seule autorité légale du pays était celle du roi.

*En Russie.* — La Pologne russe est maintenant le théâtre d'une guerre de tranchées identique à celle qui existe en France depuis plusieurs mois, les Russes s'en accommodent fort bien, l'ayant expérimentée pendant la campagne de Mandchourie, aussi déclarent-ils que la route de Varsovie est définitivement fermée aux troupes allemandes. En outre, des renforts importants leur arrivent continuellement, soit pour renforcer leurs lignes sur la Vistule, soit pour renforcer leurs armées qui pénètrent en Hongrie. Ces troupes ont forcé le passage du col Mozok et ont pénétré dans les riches et importants champs de pétrole autrichien.

*En Turquie.* — Le quartier général russe a fait parvenir le communiqué suivant: « Nos troupes ont remporté une victoire décisive dans la région de Sarykamisch. Le 9<sup>e</sup> corps d'armée turc a été fait prisonnier tout entier. Nous continuons la poursuite des autres fractions des troupes turques qui sont en pleine déroute ».

Le grand-duc Nicolas a annoncé cette victoire au général Joffre, celui-ci lui a répondu aussitôt par une adresse de félicitations.

## Documents historiques, récits et anecdotes

*Comment le Kaiser faillit être capturé.* — Si l'on en croit un article de la « Pittsburg Dispatch », que reproduit le « Daily Express », le kaiser manqua de peu d'être fait prisonnier. Voici dans quelles conditions:

Il semblerait que le soir de Noël les troupes britanniques occupèrent Boisselle.

« Les Allemands se repliant sur Bertincourt où le kaiser arriva le même soir à dix heures, dit l'officier qui raconte l'histoire, nous apprîmes que l'empereur et son état-major avaient l'intention de se rendre le lendemain à sept heures, au quartier général du général von Mauben, à quelques kilomètres au sud de Cambrai. Il fallait pour cela prendre une route qui passait à dix kilomètres à l'est de Boisselle.

« A cet endroit, la route longe un coteau gazonné; si nous pouvions nous cacher derrière ce coteau et si notre information était exacte, nous avions donc une bonne chance de capturer l'empereur.

« Nous décidâmes de tenter l'aventure. Le major Blackwood, deux officiers et moi-même, accompagnés de cinq cents hommes, quittâmes Boisselle à cinq heures du matin. Nous arrivâmes une heure plus tard à l'endroit convenu et nous détachâmes trois hommes qui devaient nous signaler l'arrivée du kaiser.

« Une demi-heure plus tard, une troupe de uhlans s'avança sur la route, mais à ce moment un de nos hommes s'aperçut qu'on faisait des signaux d'une petite maison située sur le bord de la route et habitée par un paysan. Nous comprîmes ce que cela signifiait: les cavaliers allemands avaient été prévenus de notre présence derrière le coteau. En effet, deux d'entre eux tournèrent bride au galop tandis que leurs camarades continuait à marcher de l'avant.

« Nous avions encore une chance de capturer le kaiser à un point situé à trois kilomètres plus au sud, à l'embranchement de la route de Cambrai; nous n'avions plus qu'un quart d'heure pour couvrir ces trois kilomètres et le terrain était très accidenté, mais nous résolûmes d'essayer.

« Nous étions à environ trois cents mètres du carrefour quand, dans la lumière grise du matin, nous vîmes une automobile qui filait à toute vitesse sur la route de Berthincourt et à la jumelle nous pûmes distinguer aisément le kaiser qui y était assis en compagnie de trois officiers.

« La voiture disparut en un instant sur la route de l'est: nous l'avions juste manquée d'une minute. Nous arrivâmes cependant assez à temps pour intercepter les deux voitures qui suivaient celle du kaiser et nous fîmes prisonniers trois personnalités de sa suite ainsi que deux domestiques.

« Nous nous emparâmes aussi d'une pile de bagages impériaux, y compris deux sacs de dépêches contenant d'importants documents.

« A ce moment, l'artillerie allemande nous aperçut et nous dûmes nous retirer sous une pluie d'obus qui ne nous coûta d'ailleurs que deux hommes.

*Le combat de Perthes-le-Hurlus.* — Le communiqué officiel a annoncé que nos progrès dans la région de Sainte-Ménehould étaient nettement appréciables et que nous nous étions emparés du village de Perthes. Ce fait d'armes s'est accompli dans les conditions que voici:

« L'infanterie allemande était dans le bois. A dix heures, une première marmite française tomba en avant de la lisière où était massé l'ennemi. Quatre par quatre, nos projectiles arrosent les taillis. Un taube survole Perthes, cherchant à repérer nos rimailho. Une grêle de balles salue son passage. Brusquement on voit l'avion osciller, virer avec peine et redescendre en vol plané dans les lignes allemandes. Un projectile heureux l'a sans doute obligé à interrompre sa reconnaissance.

En six minutes, nos rimailho ont envoyé soixante marmites sur le bois. Une de nos sections s'avance prudemment. Rien ne bouge. Le gros de la colonne se déploie. Le clairon sonne: « En avant! » Pas une balle ne siffle. On aborde le bois. On y entre l'arme au bras. Ni le clairon ni la charge n'étaient nécessaires. Il ne reste plus un ennemi debout. Des sections entières sont là, culbutées, fauchées; beaucoup d'hommes sont affreusement mutilés. Ils ont succombé, foudroyés. L'effectif d'un bataillon gît là.

Le spectacle est sinistre. Quelques blessés se traînent dans le sous-bois. Nos ambulanciers viennent les relever. »

## Dépêches officielles

### Premier Communiqué

En Belgique, malgré l'état du terrain et les difficultés qui en résultent, notre infanterie a progressé dans les dunes en face de Nieuport. Dans la région de Saint-Georges, elle a gagné, suivant les points, 200, 300 et 500 mètres, enlevant des maisons et des éléments de tranchées.

Sur plusieurs points, l'artillerie belge a réduit au silence l'artillerie allemande.

De la Lys à l'Oise: Dans la région de Notre-Dame-de-Lorette (ouest de Lens), nous avons, grâce à nos mortiers et à nos grenades, complètement arrêté les travaux de sape de l'ennemi. Dans le voisinage de la route de Lille, les Allemands ont fait sauter une de nos tranchées et s'en sont emparés, mais une contre-attaque immédiate nous en a rendus maîtres de nouveau.

De l'Oise aux Vosges, on ne signale par d'action d'infanterie.

Dans la région de Craonne et de Reims, combats d'artillerie.

Nos batteries ont efficacement bombardé les positions ennemies dans la vallée de la Suippe ainsi que dans la région de Perthes et de Beauséjour. Il en a été de même en Argonne et sur les Hauts-de-Meuse.

En Alsace, au sud-est du col du Bonhomme, nous sommes entrés dans le hameau de Creux-d'Argent (2 kilomètres ouest d'Orbey) où nous nous organisons.

Les gains réalisés sur la route de Thann à Cernay ont été maintenus à un kilomètre à l'est de Vieux-Thann et le tir de notre artillerie lourde, à deux kilomètres est de Burnhaupt-le-Haut a fait taire l'artillerie ennemie.

### Deuxième Communiqué

La nuit dernière, nos troupes se sont emparées d'une carrière située à l'embranchement de la route Rouvrois-Saint-Mihiel et du chemin Maizey-Saint-Mihiel, ainsi que des tranchées voisines.

Aucune autre opération n'est signalée. Le temps continue à être très mauvais; pluies incessantes.

Le 15e fascicule paraîtra incessament.

Réclamer les fascicules précédents.

NIORT. — IMP. TH. MARTIN

www.ingramcontent.com/pod-product-compliance
Lightning Source LLC
LaVergne TN
LVHW021725080426
835510LV00010B/1145